LES BARMECIDES,
TRAGÉDIE.

LES BARMÉCIDES,

TRAGÉDIE,

EN CINQ ACTES ET EN VERS.

Repréſentée pour la première fois par les Comédiens Français le 11 Juillet 1778.

Par M. DE LA HARPE, de l'Académie Françaiſe.

Le prix eſt de 30 ſols.

À PARIS,

Chez PISSOT, Libraire, Quai des Auguſtins.

M. DCC. LXXVIII.

ÉPITRE
DÉDICATOIRE

A M. LE COMTE DE SCHOUWALOW,

Conseiller Intime de Sa Majesté l'Impératrice de Russie, & son Chambellan actuel, Directeur général des Banques d'assignations de l'Empire, Chevalier de l'Ordre de Sainte Anne, &c.

Monsieur le Comte,

Il y a long-temps que je vous dois un hommage public de reconnaissance. C'est à vous seul que je suis redevable des bontés dont m'honore un grand Prince, l'amour & l'espérance du vaste Empire dont il est l'héritier. L'amitié dont vous m'avez donné tant de témoignages, n'est point cette protection froide & inattentive d'un Grand, qui sans aimer les Arts, a la prétention de s'y connaître & l'air de s'y intéresser. Cette amitié est comme votre ame, tendre & courageuse. L'amour des Lettres est en vous un sentiment vrai, un besoin digne d'un esprit aussi élevé que le vôtre. Elles remplissent vos loisirs sans rien dérober à de plus grands travaux, & tandis que vous préfidiez à ce Code de légiflation qui doit faire le bonheur des fujets de CATHÉRINE II, l'*Epitre à Ninon* n'était qu'un amufement de cette plume facile & gracieufe, qui, dans vos mains, femble être celle du Français le plus aimable & le plus fpirituel ; & ce qui n'a été pour vous qu'un délaffement à la Cour de Péterfbourg, eût fuffi pour faire la réputation d'un des beaux Efprits de notre Capitale.

L'Ouvrage que j'ai l'honneur de vous offrir vous appartient encore par un titre plus particulier. Si je fuis parvenu à lui ôter quelques-uns des défauts qu'on y a remarqués, je le dois à vos confeils. Vous m'avez donné le courage de remettre la main à cette Tragédie, à ce plan dont j'avais eu tant de peine à arranger les refforts ; & fi j'ai réuffi à leur donner plus de jeu & plus d'effet, vos connaiffances & votre goût ont fervi à développer les leçons du Public, & à éclaircir pour moi le jour de la repréfentation.

Ces Arabes, qui m'ont fourni le fujet de ma Tragédie, ne doivent pas non plus vous être indifférens. Cette nation, dans le temps de fa fplendeur, & à l'époque où les Arts fleuriffaient chez elle, préfente plus d'un rapport avec la vôtre. Elle était conquérante & magnifique : vous retracez aujourd'hui ſes fêtes & ſes triomphes. De Péterſbourg à Caſan, vous donnez le plus grand ſpectacle : vous réuniſſez la magnificence & la pompe orientale à l'urbanité européenne ; & c'eſt chez vous que ſemble ſe réaliſer ce que l'on a imaginé ſur Abouleaſem, & ce que l'on raconte de Barmécide. Permettez-moi, MONSIEUR LE COMTE, au ſujet de ce dernier, de diſtinguer ce que j'ai pris dans l'hiſtoire, & ce que j'ai imaginé. Les faits ſont intéreſſans ; ces ſortes de diſcuſſions plaiſent à votre goût, & votre amitié m'y invite.

La famille des Barmécides eſt célèbre dans l'Hiſtoire d'Orient. Giafar, le Barmécide, ou fils de Barmec, était Viſir du Calife Aaron Rachid, l'un des plus illuſtres ſouverains de ſon temps ; & celui qui contribua le plus, ainſi que ſon fils Almamon, au progrès des Lettres chez les Arabes. Aaron aimait beaucoup Barmécide, & jouiſſait avec plaiſir des agrémens qu'il trouvait dans la ſociété de ce Miniſtre. Il avait une ſœur très-aimable, près de qui il paſſait les momens que lui laiſſait le ſoin des affaires publiques. Ces deux perſonnes étaient ce qu'il aimait le mieux ; il eût voulu les réunir auprès de lui, & goûter à la fois les douceurs de leur commerce & le plaiſir de raſſembler,

a ij

près de son trône, ce qu'il avait de plus cher; mais les mœurs de son pays ne permettaient pas que Barmécide pût paraître devant la sœur du Calife. Pour lever cet obstacle, il prit le parti de la lui donner en mariage ; mais comme il se faisait un point de religion qu'aucun sujet ne mêlât son sang à celui d'Ali, qui était sacré chez les Arabes, il exigea de Barmécide la promesse de n'user jamais des droits du mariage. Barmécide s'y engagea. Il n'avait pas encore vu l'épouse qu'on lui destinait. Quand il la connut, son cœur réclama contre l'engagement qu'il avait pris. Il le trouva cruel & injuste. L'amour & la nature lui parurent des droits plus sacrés que sa promesse ; mais malheureusement il ne put cacher les suites d'un commerce d'autant plus délicieux, peut-être, qu'il était secret & défendu. Le Calife, quoique rempli d'ailleurs d'excellentes qualités, était d'un caractère violent, porté à la colère & à la vengeance, & l'habitude du pouvoir suprême ne lui avait pas appris à réprimer ses mouvemens. Il condamna Barmécide à la mort, & suivant l'abominable usage, trop commun dans les Etats despotiques, il enveloppa la famille entière dans la proscription. L'Officier, chargé de cet ordre barbare, vint l'annoncer à Barmécide. Le Ministre, qui connaissait le caractère impétueux de son Maître, & qui le

croyait capable d'un retour fur lui-même, crut qu'il pouvait encore lui refter un moyen de fauver fa vie. « Va, dit-il à l'Officier, va dire
» au Calife que tu as exécuté fes ordres, &
» que Barmécide eft mort. Peut-être le mo-
» ment de la colère fera paffé, & aura fait pla-
» ce à celui du repentir. S'il fe reproche fa
» barbarie envers un fujet qu'il a tant aimé,
» tu auras à fes yeux le mérite d'avoir prévu
» fes remords & de lui avoir épargné un crime,
» tu lui diras que Barmécide eft vivant. Si, au
» contraire, il m'a condamné fans retour, s'il
» te demande ma tête, viens la chercher; elle
» eft prête. « L'Arabe confentit à tout : il fe préfenta devant le Calife, & lui annonça que fon Miniftre n'était plus. L'implacable Aaron demande fa tête. L'Officier alors va la chercher, & l'apporte aux pieds du Calife. Quarante Barmécides furent égorgés, & l'époufe de cet infortuné favori, enfermée dans une étroite prifon, y fuccomba bientôt à fes chagrins.

Cependant le Calife, quand fa vengeance fut fatisfaite, commença à reffentir des regrets & des remords. Il avait perdu les deux plus chers foutiens de fa vie. Cette perte devenait à tout moment plus douloureufe. Il tomba dans une mélancolie profonde, & cherchant à éloigner un fouvenir funefte, il défendit qu'on prononçât devant lui le nom de Barmécide, & que sa mémoire fut honorée par aucun éloge ni par aucun monument. C'était commander l'ingratitude. Barmécide avait répandu beaucoup de bienfaits, & on l'avait même surnommé le Généreux, nom qui, chez une nation naturellement généreuse, semblait annoncer que Barmécide avoit porté cette vertu au plus haut degré. Aussi trouva-t-il de la reconnaissance même après sa mort. Un poëte Arabe entr'autres, qui avoit eu part à ses bienfaits, vint s'asseoir à la porte du palais d'Aaron, & chanta des vers qu'il avait faits à la louange de Barmécide. Ce Prince en fut bientôt informé. Il était à table. Il ordonna qu'on fît venir le poëte devant lui, & lui demanda pourquoi il osait contrevenir à ses ordres ? *Seigneur*, répondit l'Arabe, *le Roi des Rois est bien puissant ; mais il y a quelque chose de plus puissant.* — Eh quoi ! dit le Calife étonné ? *Les bienfaits*, répond le poëte. Aaron fut frappé de cette repartie. Il prit une très-belle coupe d'or qui étoit sur la table, & la donna au poëte. *Puisque tu es si reconnaissant*, lui dit-il, *c'est moi que tu dois chanter à présent. Aaron est devenu ton bienfaiteur ; mets son nom à la place de celui de Barmécide.* L'Arabe en prenant le vase leva les mains au ciel : *O Barmécide !* s'écria-t-il, *comment veut-on que je t'oublie ? Voilà encore un présent que je te dois.* Je ne connais rien au-dessus de cette réponse.

Ces traits font ce qu'il y a de plus curieux & de plus intéressant dans les Historiens Orientaux, concernant la famille des Barmécides. Je n'ai pris de ces événemens que ce qu'il m'en fallait pour fonder ma pièce, & tout ce qu'on vient de lire n'en est que l'avant-scène. L'amitié du Calife pour son Ministre, le mariage de Barmécide, sa proscription, son caractère & celui d'Aaron, voilà tout ce que j'ai conservé ; le reste est d'invention.

On prétend que j'ai été au-delà de la vraisemblance, & que la générosité de Barmécide est hors de la nature. Peut-il, dit-on, venir sauver son meurtrier & celui de toute sa famille ? A Dieu ne plaise que je fasse à l'humanité cette injure, de croire jamais que cette vertu soit au-dessus d'elle. Malheur à qui ne concevra pas que lorsqu'on a été livré vingt ans au supplice de haïr, on puisse sentir enfin qu'il n'y a qu'une vengeance douce, celle de pardonner. Je demande que l'on se souvienne qu'Aaron est un grand homme ; qu'il a commis une faute horrible, suite malheureuse des abus du despotisme ; qu'il en a conservé des remords, effets naturels de sa grandeur d'ame ; que Barmécide a été nommé Généreux chez une nation généreuse :

qu'on pèse toutes ces idées, & qu'on se mette à la place de Barmécide, lorsqu'il reçoit l'avis de la conspiration; osera-t-on affirmer qu'il est impossible qu'il prenne le parti que je lui fais prendre ? Si on l'affirmait, j'ai une réponse péremptoire, le cri des hommes rassemblés. Le morceau qui contient le développement des motifs de Barmécide, a toujours excité un transport unanime. Pourquoi ? c'est qu'il ne dit pas un mot qui ne soit vrai, qu'il n'exprime pas un mouvement qui ne se trouve dan tous les cœurs bien nés. Jamais un sentiment faux ne sera accueilli avec enthousiasme par les hommes réunis. Le Spectacle est la preuve de cette vérité, & comme a dit si heureusement Gresset,

C'est là que l'on entend le cri de la nature.

C'est cet endroit que j'attendais pour juger si je m'étais trompé sur l'idée première de mon ouvrage, & quand je vis l'effet qu'il produisit à la première représentation, malgré tout le bruit qui troubla le quatrième Acte, je commençai à croire que je n'avais pas perdu mon temps. Tous les défauts que j'avais apperçus, pouvaient se corriger, & je ne doutais pas du cinquième Acte.

Mais, dit-on encore, il sacrifie son fils pour sauver Aaron. Non, il ne le sacrifie pas. Il tient la seule conduite raisonnable qu'il puisse tenir. Il commence par mettre le Calife hors de danger, en lui faisant passer l'écrit qui lui révèle la conspiration des Ommiades. Le Visir n'est point nommé dans cet écrit. Il peut avoir tout le temps & tout le mérite du repentir. Ce repentir ne suffirait pas, sans doute, pour lui assurer sa grace; mais le fils de Barmécide, présenté aux pieds du trône d'Aaron par ce même Barmécide à qui le Calife est redevable de son salut, peut-il craindre jamais d'être envoyé au supplice ? Après ce qu'on sait des remords d'Aaron & de la générosité de Barmécide, la grace d'Amorassan est-elle douteuse ? Et quel moment pour ce magnanime vieillard, si son fils ne s'y refusait pas ? Cela est si vrai, que sans l'incident de la mort du prince Aménor, il n'y aurait point de cinquième Acte, parce que le dénouement serait nécessaire & prévu, & que personne ne formerait le moindre doute sur le pardon qu'Amorassan doit obtenir. Aussi rien n'était plus essentiel que de trouver un moyen de mettre Amorassan en péril, même en le faisant reconnaitre pour fils de Barmécide.

C'est ici que l'on a pu remarquer toute l'injustice de mes ennemis. Ils ont crié tous ensemble: *Aaron est Auguste, Amorassan est Cinna.* Auguste pardonne, Aaron pardonne, donc c'est la même chose. Telle est la logique de la haine. Gufman pardonne auffi dans Alzire: Gufman eft-il Cinna? Je laiffe aux gens de bonne foi à examiner quel rapport il peut y avoir pour les caractères ou la fituation, entre Augufte & le Calife : d'un côté, un vieil ufurpateur, accoutumé au fang & au crime, qui pardonne par politique; de l'autre, un monarque vraiment grand, qui a été coupable un jour, & qui s'eft repenti toute fa vie, qui fe trouve entre fon Vifir, complice d'une confpiration contre lui, & meurtrier de fon fils, & ce même héros dont il pleurait la mort, qu'on a dérobé à fa vengeance, & à qui feul il eft redevable de fon falut. Entre de fi grands crimes & de fi grands bienfaits, quel parti prendra t-il? A quoi reffemble cette fituation? A quoi reffemble celle de Barmécide venant révéler la conjuration, & la révélant à celui qui en eft le chef, & qui eft fon fils? A quoi reffemble celle d'Amoraffan dans la Scène du fecond Acte, avec Aaron? celle de ce même Amoraffan, au quatrième Acte, entre fon père qui veut l'entraîner aux pieds du trône, & Sémire qui l'appelle à fon armée? S'il peut y avoir quelque mérite à trouver aujourd'hui des fituations neuves, fi ce mérite demande grace pour les défauts, je ne fuis pas furpris que l'envie le contefte; mais quand on veut être jufte, eft ce bien elle qu'il faut confulter?

DÉDICATOIRE.

A-t-elle mieux rencontré, lorsqu'elle a prétendu qu'il n'était pas naturel que ce Calife, que l'on peint si fier & si terrible, souffre les discours d'Amorassan, & ne les punisse pas ? Certes, quand elle a fait un pareil reproche, elle a bien méconnu le cœur humain. Oui, sur tout autre objet, Aaron n'aurait pas entendu la moitié de ce qu'il entend, & le despote se serait bientôt fait connaître; mais songez qu'Amorassan a touché l'endroit sensible, qu'il a mis, pour ainsi dire, la main dans la blessure de ce cœur qui saigne depuis si longtemps. Aaron, surchargé du poids d'un long remords, ne résiste pas à la première occasion qu'on lui offre de le faire connaître. Le mot qui demandait à sortir de son ame, il le prononce enfin. C'est ainsi que la nature est faite, sur-tout dans les grands cœurs ; & cette Scène est peut-être la plus théâtrale de toute la Pièce.

Il est vrai qu'en différant jusqu'au quatrième acte la reconnaissance du père & du fils, j'avais refroidi le troisième, ou elle était naturellement attendue, & rendu la marche de ces deux actes languissante; que je n'avais donné à l'amour d'Amorassan & de Sémire aucun développement, aucun effet ; & qu'en général dans ces deux actes, les situations étaient plus indiquées qu'approfondies. Aidé de vos lumières, & inſtruit par l'expérience de la ſcène, je crois avoir fait diſparaître ces fautes. En mettant la reconnaiſſance au troiſième acte, je crois avoir rendu la ſituation du pêre & du fils plus intéreſſante, & leur avoir donné une expreſſion plus pathétique. Au quatrième, Amoraſſan n'avait que de l'emportement ; je lui ai donné plus de ſenſibilité. Il marque davantage tout ce qu'il doit lui en coûter d'avoir à combattre la nature au moment où il devrait en jouir. A l'égard de l'amour, la rivalité d'Aménor & du Viſir tient dans la pièce la place qu'elle y devait occuper, & j'ai tâché que Sémire aimât Amoraſſan, comme une Princeſſe détrônée qui veut remonter ſur le trône de ſes pères, peut aimer un jeune héros fait pour être ſon vengeur. Enfin, il me ſemble que la marche de la piéce eſt aujourd'hui beaucoup plus rapide, que les motifs ſont plus nets & mieux expliqués, & que l'ouvrage a le degré d'intérêt dont il était ſuſceptible. Ce n'eſt pas ſans doute cet intérêt entraînant, cet attendriſſement qui ne peut naître que d'une grande paſſion ; c'eſt celui qui réſulte de grands caractères dans des ſituations frappantes, & de ce genre d'admiration qui émeut l'ame, & peut faire tomber quelques larmes douces. C'eſt le genre qui plaît ſurtout aux belles ames, aux eſprits élevés, & quoique l'amour ait bien des charmes, il ne faut pas qu'il règne seul sur la scène.

Dans les Arts, Monsieur le Comte, votre nation en est à une époque bien plus heureuse que la nôtre. Vous êtes dans la ferveur des premières jouissances, & nous en sommes à l'abus, à la satiété, à la corruption. Vous me faisiez l'honneur de m'écrire, il y a quelques années, que nous avions à Paris deux littératures bien distinctes. Rien n'est plus vrai, mais la bonne devient tous les jours moins nombreuse, & la mauvaise croît tous les jours en force & en méchanceté. Sans doute, on a raison de dire que l'envie est de tous les temps, & que toujours la médiocrité a été l'ennemie du talent. Mais comment se dissimuler tout le mal qu'a produit cette multitude d'Ecrivains, si prodigieusement augmentée depuis le dernier siècle, qui a fait des arts, de l'esprit & de l'imagination, un commerce de papier ? Comment ne pas voir tout ce que la littérature a perdu, en devenant librairie ? La foule des concurrens, en multipliant les rivalités, a envenimé les haines, & fait naître de nouveaux scandales, inconnus au siècle passé. N'est-ce pas un des fléaux du nôtre, que cette quantité de journaux, la plupart nécessairement voués à la médiocrité, quelques-uns entiérement consacrés à l'esprit de parti ? Madame Deshoulières composait un mauvais sonnet contre la Phèdre de Racine. Aujourd'hui les diffamations remplissent l'Europe; les libelles calomnieux parcourent les deux hémisphères, & se répètent & retentissent en échos innombrables, qui frappent des oreilles avides, avant que la vérité, qu'on daigne à peine écouter, ait eu le temps de se faire entendre.

Qui méprise Cotin n'estime point son Roi,
Et n'a, selon Cotin, ni Dieu, ni foi, ni loi,

disait Despréaux, en badinant. Aujourd'hui ce n'est plus une plaisanterie. Depuis que quelques écrivains, abusant de la philosophie, ont allarmé la religion & les puissances, ce mot sacré de religion est devenu un signal de ralliement pour les fripons, les sots & les hypocrites, & une arme dans leurs mains pour attaquer impunément tout ce qui a quelque mérite & quelques succès. L'auteur le plus décrédité a pour dernière ressource de se faire apôtre. C'est en criant à l'impiété, qu'on prend la défense des mauvais vers, & l'on repousse la critique en criant au blasphême. La haine n'a plus de pudeur, & la calomnie n'a plus de frein. Ce n'est plus seulement l'ouvrage qu'on décrie; c'est l'Auteur que l'on veut noircir, & l'on met à nuire tout l'art & l'esprit qu'on n'a pas pour composer. La malignité publique semble encourager les calomniateurs.

S'ils font confondus vingt fois, à peine y fait-on quelque attention ; mais fi les cent yeux d'Argus qui veillent pour la haine, furprennent dans l'Ecrivain honnête, dans l'homme de talent, le tort le plus léger, alors toutes les voix le groffiffent & l'exagèrent comme à l'envi, & le plus long-temps qu'il eft poffible, on perpétue, on renouvelle les triomphes de la méchanceté.

De tous les Ecrivains dont la perfécution a troublé les jours & les travaux, nul, j'ofe le dire, n'a eu plus d'ennemis à combattre, & n'a effuyé une guerre plus lâche & plus cruelle. Du palais de Péterfbourg, où S. A. Impériale Monfeigneur le Grand-Duc & l'augufte Epoufe qu'il a pleurée, daignaient avec vous repréfenter le Comte de Varvic, quand vous vîntes dans cette Capitale, vous vîtes l'Auteur en butte à des ennemis forcenés, d'autant plus redoutables qu'ils étaient plus vils, & qui me haïffaient d'autant plus qu'ils fentaient que j'avais plus de droits de les méprifer. Vous les avez vu s'occuper fans relâche à défigurer également dans leurs libelles & mon caractère & mes ouvrages, annoncer tout haut le projet d'anéantir, s'il leur était poffible, celui qu'ils défefpéraient d'intimider ou d'abattre ; employant à la fois & les rumeurs orageufes & les fourdes menées ; s'emparant de tous les papiers publics, pour me diffamer à volonté; toujours prêts à nier tous les succès, ou du moins à les empoisonner; se distribuant les moyens de nuire, & se relayant pour combattre ou à découvert ou sous le masque, dans l'espérance qu'il me serait impossible de faire face partout, parce qu'en supposant que j'en eusse le temps & la force, le public qui ne s'ennuie jamais d'entendre calomnier un homme, se dégoûte aisément de l'entendre se justifier.

J'ai résisté pourtant jusqu'ici; & le succès de ce dernier ouvrage m'a fait voir qu'il y avait toujours une partie du public qui ne se laissait pas séduire. C'est celle-là qui à la longue entraîne tout le reste. C'est pour elle que je travaille; c'est pour lui plaire que je m'efforce de corriger, autant qu'il est possible, & mes ouvrages & moi-même. Vos bontés me soutiennent & me consolent, & tant que vous m'aimerez, mes ennemis, quoi qu'il arrive, ne me pourront pas tout ôter.

J'ai l'honneur d'être avec un respect aussi sincère que ma reconnaissance,

Monsieur le Comte,

Votre très-humble & très-obéissant Serviteur,

DE LA HARPE.

LES BARMÉCIDES,

TRAGÉDIE.

ACTEURS.

AARON RACHID, Calife de Bagdat, de la race des Abaſſides.

SÉMIRE, Princeſſe Ommiade.

AMORASSAN, Viſir.

BARMÉCIDE, ancien favori d'Aaron.

SAÉD, Émir.

NASSER.

ILCAN.

ÉMIRS, GARDES.

La Scene eſt à Bagdat.

LES BARMÉCIDES,
TRAGÉDIE.

ACTE PREMIER.

SCÈNE PREMIÈRE.

(*Le Théâtre représente un lieu souterrein lugubrement éclairé, sépulture de la famille des Abassides. On distingue sur un des côtés du Théâtre un monument séparé. C'est celui du ministre Barmécide.*)

AMORASSAN, NASSER.

NASSER.

Tandis que sur Bagdat la nuit répand ses ombres,
Que cherche Amorassan dans ces demeures sombres ?
Seigneur, dans ce séjour que je ne connais pas,
Quels obscurs souterreins m'ont conduit sur vos pas ?

A ij

LES BARMÉCIDES,

AMORASSAN.

Ah! le trouble a rempli mon ame impatiente.
J'embrasse en frémissant l'espoir qu'on me présente.
Saéd veut me parler: ce vertueux mortel,
Qui de mes premiers ans prit un soin paternel,
M'annonce qu'il est tems que sa voix me confie
Un secret dont dépend le destin de ma vie :
Ce n'est que dans ces lieux qu'il sera révélé.
Mais, toi, que leur aspect paraît avoir troublé,
Ne reconnais-tu pas cet asyle funèbre ?
Contemple ce tombeau d'un Ministre célèbre,
De ce grand Barmécide, illustre infortuné,
Favori de son maître & par lui condamné.
Cet Empire a long-tems gémi de la disgrace,
Qui dans un même arrêt enveloppa sa race.
Tout périt, & trop tard le Calife éclairé
Sentit que le courroux l'avait trop égaré.
Il connût le remords & pleura ses victimes ;
Il voulut appaiser ces ombres magnanimes.
Dans ces grands monumens des Princes ses ayeux,
Il plaça le tombeau d'un héros malheureux,
Tribut tardif & vain d'un repentir si juste !
Révère, ainsi que moi, ce monument auguste,
Ces pompes de la mort, qui montrent à la fois,
Et les retours du sort & les fautes des Rois.

NASSER.

Excusez ma surprise ; en voyant ces retraites,
Qui tiennent au Palais par des routes secrettes,
J'ai méconnu d'abord cet asyle sacré,
Où par d'autres chemins je suis jadis entré.
Hélas ! dans ces tombeaux de la race Abasside,

TRAGÉDIE.

Qui n'a pas honoré l'ombre de Barmécide ?
Qui n'a pas quelquefois arrosé de ses pleurs
Ces restes d'un héros, ces débris des grandeurs ?
Sa mémoire en nos cœurs sans cesse retracée,
Après vingt ans de deuil ne s'est point effacée.
Elle vivra toujours ; on n'oubliera jamais
Ce nom de généreux, acquis par des bienfaits,
Ce génie indomptable, & fait pour tout conduire,
Qui présida long-temps au sort de cet Empire.
Sa mort qui coûte encor des larmes à nos yeux,
Seule a flétri d'Aaron le règne glorieux.
De tant de cruauté comment fut-il capable ?

AMORASSAN.

Aaron, sans doute, est grand, son règne est mémorable,
Et je ne lui veux point refuser les tributs,
Qu'on doit à ses talens ainsi qu'à ses vertus.
Il a voulu tout voir, tout juger, tout connaître.
Loin de ces courtisans faits pour tromper leur maître,
Se cachant dans la foule, il a plus d'une fois
Cherché la vérité qu'on éloigne des rois.
Ce trône était fondé sur le droit de la guerre ;
L'Arabe enthousiaste a subjugué la terre,
Et la destruction suivit ses étendards ;
Il foula sous ses pieds les monumens des arts ;
Aaron les releva du sein de la poussière ;
Il n'a point des talens redouté la lumière :
Il voit qu'à son empire ils servent de soutien,
Et que l'homme qui pense est meilleur citoyen.
Telle est sa politique, & déjà dans l'Asie,
Ses mains ont rallumé le flambeau du génie.
Dans ses brillans travaux les Arabes instruits,
Des Sages de la Grèce ont connu les écrits,

Ont cultivé les arts, ornemens de la vie,
Et mesuré la terre à nos loix asservie.
De la gloire d'Aaron tels sont les plus beaux traits;
Mais quel contraste, ami, de rigueurs, de bienfaits!
On l'admire, on le craint; & soit que la colère
Emporte malgré lui son ame trop altière;
Soit qu'il aime à fonder sur la sévérité
L'appareil imposant de son autorité;
Soit plutôt que ce rang de maître de la terre,
Toujours fait pour corrompre un heureux caractère,
Même à des cœurs bien nés inspire ces dédains,
Ce mépris & des droits & du sang des humains;
Quoiqu'il en soit, Aaron que la gloire couronne,
Fait trembler devant lui la Cour qui l'environne.
Tout frémit, tout s'abaisse à son premier coup-d'œil;
Né souverain des rois il en a tout l'orgueil.
On est trop criminel dès qu'on peut lui déplaire,
Et tout sang est abject aux yeux de sa colère.
Tel est Aaron, habile à vaincre, à gouverner,
Le plus grand des mortels, s'il savait pardonner.
Moi-même près de lui, voisin du rang suprême,
Qu'il comble de faveurs, qu'il honore & qu'il aime;
Qu'il aime!.... je l'ai cru du moins jusqu'aujourd'hui:
C'est toujours en tremblant que j'approchai de lui.
Je n'éprouve que trop combien il faut le craindre.

NASSER.

Vous, Seigneur, du Calife auriez-vous à vous plaindre?
Vous, à tous nos Émirs justement préféré!
Vous, favori sans faste, & ministre adoré!
Sur les fiers Turcomans votre victoire illustre
De l'Empire d'Ali releve encor le lustre.
Déjà tout l'Orient tourne les yeux vers vous,

TRAGEDIE.

Et le Prince Aménor n'en eſt que trop jaloux.
De Barmécide, un jour, vous atteindrez la gloire.

AMORASSAN.

Crains de me voir en tout rappeller ſon hiſtoire.
Du ſein de la miſère & de l'obſcurité,
Au même rang que lui depuis deux ans monté;
Elevant comme lui tous les vœux de mon ame,
Vers un objet ſacré qu'on refuſe à ma flamme;
Son exemple aujourd'hui peut-être eſt mon arrêt.

NASSER.

Avez-vous cru qu'Aaron mît aux mains d'un ſujet
Le dernier rejetton de la race Ommiade?
Il craint un tel himen, tout me le perſuade.
Il craint que quelque jour on oſe profiter
Des droits....

AMORASSAN.

    Lui! que dis-tu? qu'a-t-il à redouter?
Je ſais ainſi que toi, qu'aux ayeux de Semire,
La famille d'Aaron ravit jadis l'Empire;
Que les enfans d'Ali, fortunés oppreſſeurs,
Renversèrent d'Omar les premiers ſuccesſeurs.
Mais des feux qu'alluma cette longue querelle,
Aaron ſut étouffer la derniere étincelle.
De la race Abaſſide il affermit les droits;
De ce Monarque heureux le règne & les exploits,
Ont à cette grandeur par le tems confirmée,
Mis le ſceau de la gloire & de la renommée.
Loin de craindre Sémire, Aaron dans ſon Palais
A ſur ſes jeunes ans répandu des bienfaits.
Sémire juſqu'ici n'était point condamnée
A ne porter jamais les voiles d'hyménée :

Et moi, je l'avoûrai, dans un jour de bonheur,
Rapportant dans ces murs le titre de vainqueur,
Preſſé de demander le prix de mes ſervices,
J'oſai tout hazarder ſous ces brillans auſpices ;
Et d'une voix tremblante & d'un front incliné,
Sur les marches du trône humblement proſterné,
Toujours plein de l'objet où mon amour aſpire,
J'en ai cru cet amour, & j'ai nommé Sémire,
Quel regard foudroyant le Calife a lancé !
» Abjure, m'a-t-il dit, un eſpoir inſenſé,
» Pour un ſang ennemi ta tendreſſe m'offenſe.
» Cet himen d'un ſujet n'eſt point la récompenſe.
» Quiconque oſe y prétendre a de plus grands projets,
» Et le ſort de Sémire eſt un de mes ſecrets. «
A ces mots prononcés du ton le plus ſévère,
Partis du trône auguſte où l'on juge la terre,
Je ſuis reſté ſans force, & la mort dans le ſein,
Le Calife à mes yeux s'eſt dérobé ſoudain,
A laiſſé dans mon cœur ces cruelles atteintes :
Dans celui de Saéd je cours verſer mes plaintes,
Il m'écoute, il m'anime, il oſe m'aſſurer
Qu'ici tous mes malheurs ſe peuvent réparer,
Et qu'il va dans mes mains mettre ma deſtinée.
A tant de mouvemens mon ame abandonnée
N'embraſſe aucun parti, ne ſait où s'arrêter.
Ciel ! eſt-ce là l'accueil dont j'ai dû me flatter ?
Je dédaigne aujourd'hui juſqu'à ma propre gloire ;
Et la voix de ce peuple, & ces chants de victoire,
Ne peuvent étouffer cet accent de douleur,
Que l'amour malheureux jette au fond de mon cœur.

NASSER.

Eſt-il ſi malheureux alors qu'on le partage ?

TRAGÉDIE.

Si du moins de vos feux on accepte l'hommage,
Si Sémire a daigné....

AMORASSAN.

Sais-je jusqu'à ce jour
Ce que doit de Sémire attendre mon amour?
Tout laisse dans mon ame & le doute & la crainte.
Sémire qu'en ces lieux entourait la contrainte,
N'a pu même d'abord, parmi tant de témoins,
Distinguer mes regards & démêler mes soins.
Je l'entendais louer mon zèle & mes services,
Je trouvai, je saisis des instans plus propices.
Des malheurs de sa race un sentiment profond
D'une ombre de tristesse obscurcissait son front.
Mais j'y voyais briller une héroïque audace,
Et cette fermeté qui sied à la disgrace.
Tombant à ses genoux, plein de trouble & d'ardeur,
J'attestai tous les droits qu'elle avait sur mon cœur.
» Si le sort, me dit-elle, eût épargné Sémire
» Du monde à son époux elle eût donné l'Empire,
» Mais l'amour a souvent triomphé du destin,
» Et le sort d'un héros est toujours dans sa main.
Elle n'en dit pas plus, & depuis son silence
A dû.... J'entends du bruit. Saéd ici s'avance.
Je dois lui parler seul; va m'attendre, Nasser.

SCENE II.

AMORASSAN, SAÉD.

SAÉD.

Mon fils ; fouffrez encor ce nom qui m'eft fi cher ;
Souffrez que je rappelle avec quelle tendreffe,
J'ai moi-même en ces murs formé votre jeuneffe.
Ce n'eft pas qu'à vos yeux je tire vanité
Des foins que du Ciel même a benis la bonté.
Votre grandeur fans doute eft fon heureux ouvrage,
Celui de vos vertus & de votre courage.
Mais puifqu'Amoraffan a cru jufqu'à ce jour
A mes faibles bienfaits devoir quelque retour,
Qu'il fache que pour lui j'ai fait bien davantage ;
J'ai fu lui réferver un plus brillant partage ;
Et je me tiens heureux, s'il recueille le prix
De mes travaux fecrets pour lui feul entrepris.

AMORASSAN.

Eh ! quel nouveau bienfait faut-il donc que j'efpère ?
C'eft vous qui jufqu'ici me tenez lieu de pere.
Vous m'avez par degrés approché de la Cour.
Mon nom fut par vous feul porté dans ce féjour,
Où contre les vertus inceffamment armée,
L'envie en obfcurcit jufqu'à la renommée.
C'eft par votre crédit que le titre d'Émir
M'a fervi de chemin jufqu'au rang de Vifir ;
Et quoiqu'eût fait mon bras pour défendre l'Empire,
Pouviez-vous jufques-là vous flatter de conduire

TRAGÉDIE.

Un obscur orphelin dans la guerre enlevé,
Un enfant de tribut, pour servir élevé ?

SAÉD.

Vous ! un enfant obscur ! ah ! ne croyez pas l'être.
L'Orient vit jadis son bienfaiteur, son maître,
Dans le mortel fameux qui vous donna le jour ;
Il fut de cet Empire & l'arbitre & l'amour.
Que dis-je ? si la gloire a pour vous tant de charmes,
Si quand vos jeunes mains ont essayé des armes,
Je vis étinceler en vos yeux enflammés,
Ces desirs inquiets à peine encor formés,
Cet instinct d'un héros qu'agite & que tourmente
Le premier sentiment de sa grandeur naissante ;
Croyez qu'un feu si beau, si prompt à se montrer,
Fut puisé dans un sang que l'on doit adorer.
Croyez qu'Amorassan ne peut avoir pour père,
Que l'un de ces mortels séparés du vulgaire,
Et dans qui la nature offre aux yeux des humains
Le pouvoir de ses dons & l'effort de ses mains.
Son nom tiendra de vous une splendeur nouvelle ;
Il fut dans votre place, il est votre modèle.

AMORASSAN.

Ciel ! quels pressentimens s'élèvent dans mon cœur !
A ces traits réunis, à ces titres d'honneur,

(*En regardant les tombeaux.*)

Je croirais.... Mais hélas ! la vérité cruelle
Eteint de cet espoir la lumière infidelle.
Dans la proscription tout fut enveloppé ;
Tout tomba sous le glaive, & rien n'est échappé.

SAÉD.

Ah! le ciel en ôtant un grand homme à la terre,
Veut rendre quelquefois sa perte moins amère.
Il permet qu'avec lui tout ne soit pas frappé;
Qu'un des siens se dérobe à l'oppresseur trompé,
Et croisse auprès de lui dans une nuit profonde,
Pour le punir un jour & pour venger le monde.

AMORASSAN.

Je vous en crois à peine, & mon esprit confus
N'ose pas....

SAÉD.

Ce tombeau vous en dit encor plus.

AMORASSAN.

C'en est trop, & ce mot de mes destins décide.

SAÉD.

Amorassan....

AMORASSAN.

Eh bien?...

SAÉD.

Est fils de Barmécide.

AMORASSAN.

Je le sens au desir que j'eus de l'imiter.
Mais il est bien possible? & comment me flatter?....

SAÉD.

Je devais ma fortune aux dons de votre père;

TRAGÉDIE.

Et lorsque possédé d'un amour téméraire,
Bravant toutes les loix, par un nœud clandestin,
A la nièce d'Aaron il unit son destin,
Vous avez su, Seigneur, de quel courroux terrible
S'enflamma ce Calife aux affronts si sensible,
Indigné qu'un sujet, par ce coupable oubli,
Osât mêler son sang avec le sang d'Ali.
C'est moi qui fus chargé des ordres homicides,
Qui livraient au trépas quarante Barmécides.
Je crus pouvoir sauver de ce carnage affreux,
D'une illustre maison le chef trop malheureux.
Je marche à son palais, suivi de mon escorte;
J'ordonne à mes soldats d'en investir la porte.
J'entre seul; je lui dis l'ordre que j'ai reçu,
Et le noble projet que mon cœur a conçu.
Fuis, lui dis-je. Un esclave à-peu-près de son âge,
Assez semblable à lui de taille & de visage,
Semblait s'offrir à moi pour remplir mon dessein;
Sous le tranchant du sabre il expira soudain.
Je le couvre aussi-tôt des habits de son maître.
Alors à mes soldats j'ordonne de paraître;
Et tandis que déjà des souterreins obscurs
Conduisoient Barmécide au-delà de ces murs,
Je montre de ce corps la tête séparée,
Que le sang & la mort avaient défigurée.
» J'ai commencé, leur dis-je, & le Visir n'est plus.
» Accomplissez d'Aaron les ordres absolus.
» Frappez, exterminez une race perfide,
» Et qu'il ne reste rien du nom de Barmécide. «
A ces mots, mes soldats que trompait ma fureur,
Du sacrifice affreux consommèrent l'horreur.
Le fer moissonna tout. Devant Aaron portées,
Les têtes des proscrits lui furent présentées.

De ces objets fanglans il détourna les yeux;
Il parut détefter ce fpectacle odieux;
Et l'Euphrate cacha dans fes profonds abîmes,
Mon heureux artifice & mes triftes victimes.

AMORASSAN.

Ah! Tyran trop barbare! ami trop généreux!
Mon cœur eft déchiré de ton récit affreux.
O mon père!...

SAÉD.

En fuyant un féjour fi funefte,
» De mes enfans, dit-il, fauve au moins le feul refte.
» Tu feras plus pour moi que de m'avoir fauvé. «
Hors des murs de Bagdat vous étiez élevé.
Je courus dans l'afile où croiffait votre enfance,
D'un fang fi malheureux tendre & frêle efpérance.
Ceux qui vous nourriffaient, tremblans à mon abord,
Vous mirent en mes mains, en pleurant votre fort.
Ils penfaient que d'Aaron miniftre trop fidèle,
Je pourfuivais fur vous fa vengeance cruelle,
Et l'on crut aifément ce bruit qui fut femé.
Caché dans ma maifon, inconnu, renfermé,
Vous trompiez tous les yeux & viviez fans allarmes.
Bientôt épouvanté du fuccès de nos armes,
L'Arabe du défert envoya ces enfans,
Qu'en tribut au Calife il donne tous les ans.
De fa foumiffion chargé d'offrir ces gages,
Je vous mis dans le rang de ces jeunes ôtages.
Amené dans nos camps, le bruit de vos exploits,
Près d'Aaron chaque jour appuyé par ma voix,
Malgré vos concurrens & leur brigue importune,
Vous prépara dès-lors cette haute fortune,

TRAGÉDIE.

Dont vous seul avez pu ne vous point éblouïr ;
Mais votre père, hélas ! n'en pouvait plus jouir.
Aux bords de la Syrie en des lieux solitaires,
Il espérait cacher ses jours & ses misères.
A peine il y parvient, que cédant au malheur,
A tant de coups mortels qu'avait sentis son cœur,
Il succombe, il se voit au terme de sa vie ;
Et tandis qu'en ces murs, honteux de sa furie,
Aaron lui consacrait ces pompeux monumens,
Ces vains honneurs des morts qui trompent les vivans ;
Un Arabe inconnu m'apporta cette lettre.
Lisez. C'est en vos mains qu'il est tems de remettre
Ce gage unique & cher qu'un ami m'a laissé,
Cet écrit, le dernier que sa main ait tracé ;
Elle vous est connue, & votre ministère
Dût souvent sous vos yeux mettre ce caractère.

(*Il lui remet une lettre.*)

AMORASSAN.

Ah ! je le reconnais, & ces traits si chéris
Semblent se faire entendre à mes sens attendris.
(*Il lit.*)
» Je touche, cher Saéd, à mon heure dernière,
» Et l'ange de la mort est vers moi descendu.
» Peut-être qu'en mourant, je n'ai pas tout perdu,
» Et s'il me reste un fils, il vengera son père.
Ah ! Dieu !

SAÉD.

Tel est l'espoir qui consolait sa mort ;
Cet espoir fut le mien. Chargé de votre sort,
D'un regard paternel protégeant votre enfance,
Je vis avec vos ans croître mon espérance.

LES BARMECIDES,

Pleurant sur mon ami, sur tant d'assassinats
Commis avec horreur, mais commis par mon bras
J'abhorrai le tyran, & cet ordre sinistre,
Qui de ses cruautés m'avait fait le ministre.
Je voyais près de moi s'élever un vengeur,
A mes soins confié; promis à ma douleur,
Qui de ce grand secret digne dépositaire,
Réparerait un jour mon crime involontaire.
Enfin, j'ose tenter, à l'aide de son bras,
Ces révolutions qui changent les Etats.
C'est peu de ce qu'il doit à son père, à moi-même,
En s'acquittant vers nous, il obtient ce qu'il aime....
Vous allez tout savoir : attendez en ces lieux
Les spectacles nouveaux qui vont frapper vos yeux.

SCENE III.

AMORASSAN seul.

Que m'annonce Saéd ? A quoi dois-je m'attendre ?
Ce mot mystérieux que j'ose à peine entendre,
Dans la nuit de mon sort jette un rayon d'espoir.
Est-il vrai qu'en suivant le plus sacré devoir,
En appaisant ton ombre, ô héros que j'admire !
Je pourrais ?... Mais que vois-je ?

SCENE IV.

AMORASSAN, SAÉD, SÉMIRE;
Troupe de Conjurés qui se répand sur la Scène.
Sémire paraît la dernière.

SÉMIRE.

Oui, c'est moi, c'est Sémire,
Qui connaissant ton nom, sur ta foi doit compter,
Que ton cœur a choisie, & qu'il peut mériter.
Du secret de tes jours Saéd vient de t'instruire.
L'oppresseur odieux que je prétends détruire,
L'ennemi de mon sang, fut le bourreau du tien.
Ce mortel généreux, ton sauveur, ton soutien,
Éclairé par sa haine en mon ame a su lire ;
Et le même dessein qui le guide & m'inspire,
A joint nos intérêts & nos ressentimens.
Vois ces vastes tombeaux, ces tristes monumens ;
Ils n'ont pas expié le sang de l'innocence :
Ils ont servi du moins à cacher la vengeance.
Tous ces Chefs sont à nous : le Soudan de Damas
N'attend que le signal pour marcher aux combats.
On s'apprête à changer le destin de la terre :
Je vais savoir enfin si Sémire t'est chère.
Aaron a refusé de m'unir avec toi :
Oseras-tu prétendre à m'obtenir de moi ?
Réponds.

AMORASSAN.

D'Amorassan dès long-temps adorée,

B

Pouvez-vous me dicter une loi plus sacrée
Que de venger mon père & de vivre pour vous ?

SÉMIRE.

Le Calife demain va tomber fous nos coups.
D'un jour, d'un jour encor mon efpoir fe diffère.
Aménor doit, dit-on, s'éloigner de fon père;
Et l'élite des chefs, l'élite des foldats,
Du Prince dans l'Afie accompagne les pas.
Tout le refte par toi conduit dans les batailles,
Eft en ce même inftant au pied de nos murailles.
Enivrés de ta gloire & fiers de tes exploits,
Sans doute ils font tout prêts à recevoir tes loix.
Tout dépend de toi feul : réponds-moi d'une armée
Sous un Vifir qu'elle aime à vaincre accoutumée.
Marche contre Aménor, triomphe d'un rival.

AMORASSAN.

D'un rival ! lui !

SÉMIRE.

Bientôt ce myftère fatal
Va fe manifefter aux yeux de tout l'Empire.
Oui, c'eft le fils d'Aaron qu'on deftine à Sémire.
Va combattre pour moi : tu ne peux héfiter
Entre elle & les tyrans que tu dois détefter;
Et vainqueur d'Aménor, vainqueur de l'Abaffide,
A l'Orient furpris annonce Barmécide.
Viens joindre dans Bagdat, en préfence des cieux,
Les droits de ton courage aux droits de mes ayeux.
Si de pareils deffeins n'ont rien qui t'épouvante,
Reçois fur ce tombeau la main de ton amante;
Elle eft à toi. Je fais qu'Aaron depuis long-tems

Accumula sur toi des honneurs éclatans.;
Mais tu sais trop aussi ce qu'il en faut attendre,
Et de ce haut degré jusqu'où l'on peut descendre ;
Et peut-être après tout, malgré tant de faveur,
   (*en montrant Saéd.*)
Cet ami de ton père est ton vrai bienfaiteur.
Décide-toi, prononce, & mets dans la balance
Les droits qu'Aaron prétend sur ta reconnaissance;
Et de l'autre côté, ton père, ses malheurs,
Et la cendre des tiens, Sémire & des vengeurs.

AMORASSAN.

Ah ! Sémire !.... entouré de tant d'ombres sanglantes;
Poursuivi, menacé par leurs voix gémissantes,
Quand je lis mon devoir écrit dans ces tombeaux,
Moi, je pourrais trahir le sang de ce héros !
De mon père immolé démentir l'espérance,
Le vœu de son malheur, le cri de sa vengeance !
Ah ! je l'entends encor, je l'entends dans mon cœur;
Il commande à mon bras, il arme ma fureur;
Et vous seule aux horreurs qu'on présente à ma vue,
Vous mêlez du bonheur l'image inattendue !
De combien de faveurs vous daignez m'honorer !
Au sang du Roi des rois vous pouvez préférer
Le dernier rejetton d'une race proscrite !
Barmécide est à vous ; ce nom que je mérite,
Ce nom, & tout l'amour dont je suis transporté,
Vous sont de sûrs garans de ma fidélité.
Il n'est rien que pour vous mon ardeur ne hasarde.

SAÉD.

Demain de ce palais je commande la garde.
C'est l'instant de frapper, il doit être attendu.

Vous fur la fin du jour dans votre camp rendu,
Au fignal qu'en ces murs on vous fera paraître
Montrez à vos foldats Barmécide & leur maître.
L'Ommiade vengé, l'Abaffide détruit.

AMORASSAN.

Je cède à vos confeils & j'en attends le fruit.
Mais jufqu'à ce moment, ce cœur qui fait peu feindre,
En préfence d'Aaron pourra-t-il fe contraindre?
Pourrai-je, encor tout plein de tant d'atrocités,
Commander à mes fens devant lui révoltés?
Ah! veille fur un fils : que ton ombre attentive
Renferme dans mon fein la vérité captive.
O père infortuné! je m'abandonne à toi.

(*à Sémire.*)

Sa tombe eft notre autel : recevez-y ma foi.
Le deftructeur des miens, & fes dons que j'abjure,
Peuvent-ils balancer l'amour & la nature?
Que dis-je? en ce jour même, objet de fon courroux,
Pour prix de mes exploits, il m'arrachait à vous.
Que du fein de la mort & dans leurs maufolées
Des héros de mon fang les cendres confolées
Entendent les fermens que je fais dans vos mains ;
Et vous vengeance, amour, droits facrés des humains,
O vous, Dieux des grands cœurs, & des mortels fenfibles,
Dieux qui nous animez, rendez-nous invincibles.

(*Ils fortent tous enfemble.*)

Fin du premier Acte.

ACTE II.

(*La Scène est dans le palais du Calife, jusqu'au cinquième Acte.*)

SCENE PREMIÈRE.
AMORASSAN, SÉMIRE.
SÉMIRE.

Oui, ce rival superbe enfin s'est expliqué.
Déjà de mon hymen le moment est marqué.
Le Calife en ces lieux m'ordonne de l'attendre.
Ses ordres devant toi doivent se faire entendre,
Et son fils qui bientôt va s'éloigner de nous,
Doit recevoir demain le nom de mon époux.
Aménor a daigné m'en instruire lui-même;
J'ai dans cet entretien vu son orgueil extrême:
Au nom d'Amorassan m'observant de plus près,
Dans mes yeux, sur mon front, il cherchait mes secrets.
J'ai trompé les efforts de son adresse vaine,
Et j'ai su lui cacher mon amour & ma haine.
J'ai promis d'obéir à des ordres sacrés,
Dès que la voix d'Aaron les aurait déclarés.
J'attends sans m'émouvoir ces ordres que je brave;
Ce jour, ce jour passé, je ne suis plus esclave;
Et le père & le fils, ces maîtres odieux,
Vont à notre vengeance être immolés tous deux.

AMORASSAN.

Je vois trop d'où naiffait la haine envenimée
Dans le fein d'Aménor fans ceffe ranimée.
Il avait de mon cœur lu le fecret fatal.
L'amour n'échappe pas au regard d'un rival.
Voilà ce qui cent fois m'attira fa colère ;
Mon rang & mon crédit à la Cour de fon père
Ne furent qu'un prétexte à fes emportemens :
Sa fierté nous cachait d'autres reffentimens.
Mais j'ai trop dévoré le mépris & l'outrage.
L'amour, de tant de honte affranchit mon courage.
Ces defpotes altiers, capables d'avilir
Même jufqu'aux talens qui les ont pu fervir,
Ne m'accableront plus de leur affreux empire ;
Je fervirai contre eux la nature & Sémire.
Ah ! trompé par le fort, quand mon bras fut l'appui
Du tyran qu'avec vous je combats aujourd'hui,
Mes exploits à vos yeux n'ont été que des crimes ;
Je vais porter enfin des coups plus légitimes.
Comment, par quel bonheur au-deffus de mes vœux,
Le défenfeur d'Aaron a-t-il fixé vos yeux ?
Parlez : de tant d'horreurs mon ame encor troublée,
Ne peut que par vous feule être ici confolée.
Encouragez ce cœur, en butte à tant de coups,
Qui ne reçoit de loix que d'un père & de vous.

SÉMIRE.

Saéd me révéla ton nom & ta naiffance,
Me fit voir fon éleve armé pour ma défenfe.
Tes exploits dont le bruit a rempli ce féjour,
Me montraient le héros que me gardait l'amour.
Je rendis grace aux cieux dont le pouvoir nous guide,

TRAGÉDIE.

De m'offrir pour vengeur un fils de Barmécide.
Et quelle fut ma joie, alors que dans ces lieux
Tes timides regards, tes soins respectueux,
M'apprirent à la fois mon triomphe & ta flamme !
Que la contrainte, hélas ! dont gémissait mon ame,
Irritait mon amour prêt à répondre au tien !
Tes succès, chaque jour, mon plus cher entretien,
Tes lauriers qu'à mes pieds apportait la victoire,
Et ta jeunesse encore, embellissant ta gloire,
Tout enchantait Sémire, & t'assurait son cœur,
Et l'amant m'est encor plus cher que le vengeur.

AMORASSAN.

Ah ! ce cœur, désormais le seul bien de ma vie,
Ce cœur sent-il, hélas ! tout ce qu'il sacrifie ?
Un trône !...

SÉMIRE.

Que dis-tu ? quoi ! sans me dégrader,
A cette offre honteuse aurais-je pu céder ?
Ah ! quand sur moi l'amour aurait pris moins d'empire,
Un changement si lâche est-il fait pour Sémire ?
Avais-tu bien conçu ses vœux & ses projets ?
Seule d'un long malheur j'ai porté tout le faix ;
J'ai voulu renverser l'un & l'autre Abasside,
Leur enlever l'appui d'un guerrier intrépide,
De leur chûte certaine en faire l'instrument,
Et dans Bagdat soumis couronner mon amant.
Voilà par quels moyens dignes de mon courage,
Je veux de ma maison réparer le naufrage ;
Et je préférerais à des desseins si grands,
La main d'un ennemi, les dons de mes tyrans !
Je pourrais m'exposer à la honte éternelle

De trahir des amis armés pour ma querelle,
De trahir & ma gloire & le choix de mon cœur !
Va, le trône sans toi n'est pour moi qu'un malheur.
Au nœud qui nous unit s'il faut que je renonce,
La mort est mon arrêt, & ma voix le prononce.
Jusques-là j'appartiens à la vengeance, à toi,
Et tu ne me dois rien que d'aimer comme moi.
On ouvre, & dans ces lieux le Calife s'avance :
Aurai-je encor long-tems à souffrir sa présence ?
Toi, commande à ton trouble.

AMORASSAN.

Il paraît ! je frémis.

SCENE II.

LE CALIFE, AMORASSAN, SÉMIRE, ILCAN, SUITE.

LE CALIFE.

Madame, dans ces lieux vous avez vu mon fils.
Je lui donne une épouse, & son cœur l'a choisie.
Des antiques débats qui troublèrent l'Asie,
Les feux long-temps nourris sont éteints pour jamais.
Mais il restait encore en mon propre palais,
Du malheur des vaincus une trace dernière ;
Je la veux effacer : de mon règne prospère
Je veux faire sentir la paix & la douceur,
Même à ceux que peut-être a blessés sa splendeur ;
Vous ne m'envierez pas ce bonheur où j'aspire,
D'unir les deux maisons qui partageaient l'Empire

TRAGÉDIE.

Et de voir mes bienfaits, par cet heureux accord,
Réparer envers vous les outrages du sort.

SÉMIRE.

Poursuivez vos desseins, & goûtez-en la gloire.
Des malheurs de mon sang j'ai gardé la mémoire.
Ils règlent mes devoirs, ils en dictent la loi.
Sur-tout ils m'ont appris tout ce que je vous doi.
Ne croyez pas, Seigneur, que jamais je l'oublie.

LE CALIFE.

Ma dernière espérance est donc enfin remplie;
Allez; demain mon fils, au comble de ses vœux,
Quittera ces remparts sous cet auspice heureux.
    (à Ilcan.)
Et vous, de cet hymen que la pompe s'apprête.
Au peuple de Bagdat annoncez-en la fête.

SCENE III.
LE CALIFE, AMORASSAN,
GARDES *au fond du Théâtre.*

AMORASSAN *à part.*

Ciel!
LE CALIFE.
    De cet entretien je t'ai fait le témoin.
Eh bien, Amorassan! juge si j'étais loin
D'approuver aujourd'hui tes projets sur Sémire.
Bien mieux qu'elle ne croit, dans son cœur j'ai su lire.
J'ai vu qu'elle y pouvait encore entretenir
De ses malheurs passés un sombre souvenir.

Des peuples d'Orient l'ordinaire inconstance
Peut-être y nourrissait un reste d'espérance.
Je sais que dès long-temps, sur le trône affermi,
J'aurais pu m'affranchir d'un si faible ennemi;
Mais moi-même en ces lieux j'élevai son jeune âge,
Et le cœur aisément s'attache à son ouvrage.
Sémire, dans le rang dont je la fais jouir,
Ne regrettant plus rien, ne peut plus me haïr.
A l'amour de mon fils j'en dois l'heureuse idée.
J'ai vu des mêmes feux ton ame possédée.
Mais je ne pense pas qu'une autre ambition
Ait égaré ton cœur & séduit ta raison.

AMORASSAN.

Qui! moi!

LE CALIFE.

Ton ame est fière, & ne peut se contraindre.
Mon fils de tes hauteurs croit avoir à se plaindre.
Il est jeune & bouillant: il voudrait près de moi
Partager le fardeau de ton illustre emploi.
Je pardonne aisément ces fougues de son âge,
Qui marquent un cœur noble, & tiennent au courage.
Je ne m'offense point qu'un fils, mon héritier,
Aux travaux paternels se veuille associer.
Aménor quelque jour, du moins j'aime à le croire,
Sentira de mon rang & le poids & la gloire.
Toi, respecte le sien, songe qu'il est mon fils.

AMORASSAN.

Moi! Seigneur! chaque jour en butte à ses mépris,
Je vois de nos destins quelle est la différence;
Qu'il est quelques heureux qu'au jour de leur naissance

Le ciel marqua du sceau des enfans préférés ;
Qu'un nom cher aux humains d'avance a consacrés,
Et qui, dans leur berceau trouvant des diadêmes,
Ont été dispensés d'être grands par eux-mêmes ;
Lorsque d'obscurs mortels laissés dans l'abandon,
S'ils reçurent un cœur au-dessus de leur nom,
Consacrent aux travaux leur généreuse audace,
Et n'ont point d'autres droits pour se mettre à leur place,
Et sortir de la foule où tout est confondu,
Que l'éclat des talens, la gloire & la vertu.

LE CALIFE.

Ces titres chers au trône en fondent la puissance,
Et le ciel dans nos mains en mit la récompense.
Je sais ce que tu vaux, & je veux que mon fils
D'un sujet tel que toi connaisse tout le prix.
Il a fait de mon règne une étude assidue,
Et de ma politique il conçoit l'étendue.
Je veux vous rapprocher. Dans mes vastes états,
A l'exemple d'un père, il va porter ses pas.
Je n'ai point imité les Despotes d'Asie :
Dans l'ombre d'un palais, loin de cacher ma vie,
J'ai voulu me montrer à des peuples nombreux ;
L'aspect du Souverain est un bonheur pour eux.
On m'a reçu par-tout avec reconnaissance ;
La fraude & l'injustice ont fui de ma présence.
Mon fils saura sans doute illustrer à son tour
Le sceptre que ses mains doivent porter un jour.
Je ne souffrirai point qu'une vaine querelle
Le prive des secours que lui promet ton zèle.
Dans une injuste haine il n'est pas affermi ;
Le rival des talens n'en est point l'ennemi.
Accompagne ses pas : que ton heureuse adresse

S'efforce de gagner sa facile jeunesse.
A suivre tes conseils il faut l'accoutumer ;
Et même en l'éclairant, il faut t'en faire aimer.

AMORASSAN.

Ce fils, votre héritier, que l'univers contemple,
A pour guide & pour loi son cœur & votre exemple.
Et n'aura pas besoin que j'aille sur ses pas
Lui prodiguer des soins qu'il ne désire pas.
Quel en serait le prix ? que pourrais-je prétendre ?
Des Princes que l'on sert quel sort faut-il attendre ?
Le maître envers l'esclave a le droit d'être ingrat.
Dans le rang de Visir j'ai défendu l'état.
Ce rang, je l'avouerai, me pèse & m'épouvante.
J'en voudrais rejetter la charge trop pesante.
Je voudrais....

LE CALIFE.

Que dis-tu ?

AMORASSAN.

Quelquefois à la Cour,
Le prix d'un long service est perdu dans un jour.
C'est là que la faveur, toujours trop recherchée,
N'est qu'un piège funeste où la mort est cachée.
Je voudrais, si je puis, me soustraire aux malheurs
Signalés trop souvent sur mes prédécesseurs.
On a vu leur fortune au plus haut point montée
Finir par la disgrace....

LE CALIFE.

Et s'ils l'ont méritée ?

TRAGÉDIE.

AMORASSAN.

Méritée!...

LE CALIFE.

Oui, sans doute.

AMORASSAN.

On m'a souvent nommé
Un grand homme, un héros que vous aviez aimé.
Un arrêt qui tomba sur sa famille entière,
Par une affreuse mort finit son ministère;
Cependant tout l'empire atteste ses vertus,
Et l'on ne flatte pas un pouvoir qui n'est plus.

LE CALIFE, *après un moment de surprise & de silence.*

A ce discours hardi je veux bien faire grace.
Je n'aurais pas pensé qu'on eût jamais l'audace
De parler devant moi d'un sujet condamné,
Ni de me reprocher l'ordre que j'ai donné.
J'ai peine à concevoir l'intérêt qui t'anime....
Eh bien! puisque ta bouche a nommé ma victime,
Je descends jusqu'à faire à l'un de mes sujets
Un aveu que sans toi je n'aurais fait jamais.
Oui, je fus une fois ingrat, cruel, injuste.
Mais tu connais peut-être un monument auguste
Qu'au nom de Barmécide on m'a vu consacrer:
Tous les jours j'y descends, & c'est pour y pleurer.

AMORASSAN.

Vous! ah, Dieu!

LE CALIFE.

Tu t'émeus, je vois couler tes larmes.
Va, ne te livre pas à ces fombres allarmes.
Compte plus fur un cœur peu fujet à changer,
Qui même devant toi, fait ainfi fe juger.
Que dis-je ? Barmécide en toi femble revivre;
C'eft le modèle heureux que Bagdat te voit fuivre.
Toi qui veux me quitter, qui redoutes fon fort,
Toi feul, de fon trépas pour m'ôter le remord,
Va, remplis tous les vœux de l'Etat, de ton Maître.
Avec tant de talent fi le ciel t'a fait naître,
Peux-tu te renfermer dans un honteux repos,
Pour tromper tes deftins & flétrir tes travaux ?
Une oifive retraite eft-elle ton partage ?
Tu parles de repos dans la force de l'âge !
Ah ! l'homme vertueux, alors que dans fes mains
Le ciel mit en dépôt le bonheur des humains,
Loin de leur dérober les jours de fa jeuneffe,
Ranime en leur faveur fa tremblante vieilleffe.
Il ne fuccombe point fous un fi noble faix,
Et fes derniers momens font encor des bienfaits.
Je vais tout difpofer pour l'hymen de Sémire.
Toi, Vifir, fi l'amour prit fur toi trop d'empire,
Répare cette erreur, il le faut, & rends-toi
Tout entier à la gloire & tout entier à moi.

SCENE IV.
AMORASSAN, seul.

Ses remords m'ont troublé, mon ame s'est émue,
J'ai senti ma vengeance un moment suspendue.
Peut-être de ma haine il devenait vainqueur,
Si tout le sang des miens n'eût crié dans mon cœur.
Que dis-je ? un nouveau trait me frappe & me déchire,
Pour combler tous mes maux, il veut m'ôter Sémire.
Il veut à mon rival....

SCENE V.
AMORASSAN, NASSER.

NASSER.

Aux portes du palais,
Où l'hymen d'Aménor & ses pompeux apprêts
Ont attiré déjà la foule répandue,
Un vieillard inconnu s'est offert à ma vue.
Il veut vous révéler des secrets importans.
Son aspect m'a frappé, ses traits sont imposans.
Sur son front vénérable, une sombre tristesse
Creusa profondément les plis de la vieillesse,
Et l'on voit qu'à regret il traîne dès long-temps
La chaîne du malheur & le fardeau des ans.

AMORASSAN.

Allons, dans peu d'instans tu pourras l'introduire.

Mais quels sont les secrets dont il prétend m'instruire?
Le plus affreux de tous, hélas! est révélé.
Quand pourra-t-il sortir de ce cœur désolé?
Sensible avec excès aux bienfaits, aux offenses,
L'Arabe à ses vertus égale ses vengeances,
Prodigue avec transport son sang pour un ami,
Se baigne avec plaisir au sang d'un ennemi.
Tel est Amorassan: tu sais sa destinée:
Qu'avec lenteur, ami, coule cette journée!
Que j'attends cette nuit, ce moment, ce signal,
Où libre, & m'échappant de ce séjour fatal,
J'irai le fer en main, appellant la victoire,
Retrouver dans mon camp mes titres & ma gloire!
Je rentrerai terrible au sein de ces remparts;
Le sceptre tombera devant mes étendarts;
Mais ce sceptre n'est pas le trésor où j'aspire;
Il en est un plus cher: c'est la main de Sémire.

Fin du second Acte.

ACTE

ACTE III.

SCENE PREMIÈRE.

BARMÉCIDE, *seul.*

O FORTUNE ! ô puissance, à qui tout doit céder !
Palais où près du thrône on m'a vu commander,
Lieux qu'a remplis ma gloire, hélas ! & ma disgrace !
Tombeau de mon bonheur, ainsi que de ma race !
Il m'était donc prescrit de vous revoir encor !
Enseveli vingt ans dans la nuit de la mort,
Barmécide oublié dans un coin de l'Asie,
Devait donc en sortir pour sauver sa patrie !
Pour sauver... qui ! grand Dieu !.. non, je n'hésite pas.
Ah ! puisque le hasard a jetté sur mes pas
D'un forfait ignoré le favorable indice ;
Je n'en saurais douter, la fortune propice,
Qui m'a tiré deux fois des portes du trépas,
M'a choisi pour veiller au sort de ces climats.
En faire le bonheur fut jadis mon partage.
Allons, jusques au bout, défendons mon ouvrage.
Hélas ! mes traits flétris sont ici méconnus.
Bagdat depuis long-temps croit que je ne suis plus.
On est loin de penser qu'il reste un Barmécide.
De la gloire à l'oubli le passage est rapide.
On ne prononce plus mon nom dans ce palais ;
Et la Cour est livrée à d'autres intérêts.

LES BARMÉCIDES,

Que nous laiſſons de nous des traces paſſagères !
Et qu'on foule aiſément les cendres les plus chères !
Ah ! du moins quelque eſpoir me reſte en ce ſéjour,
Et Saéd, m'a-t-on dit, y voit encor le jour.
Je vais donc le revoir après vingt ans d'abſence !
Mon cœur impatient demandait ſa préſence.
S'il a ſauvé mon fils, ô ciel ! ſi ta faveur
A ſecondé ſes ſoins.....

SCENE II.
BARMÉCIDE, SAÉD.

BARMÉCIDE.

C'est lui, c'eſt mon ſauveur !
Cher Saéd ! eſt-ce toi que Barmécide embraſſe ?
De mes maux, dans tes bras, le ſouvenir s'efface.
O ! mon ami !

SAÉD.

Tu vis ! ô toi, que j'ai pleuré !
O de mes longs regrets objet toujours ſacré !
Cruel ! tu m'abuſais !

BARMÉCIDE.

Hélas ! je crus moi-même
Toucher, en t'écrivant, à mon heure ſuprême.
Mais le ſort me trompait, & je ne pus mourir.
L'homme a, plus qu'il ne croit, la force de ſouffrir.
J'abjurai pour jamais au fond de la Syrie,

TRAGÉDIE.

Tous les nœuds qui pouvaient m'attacher à la vie.
Il a fallu pourtant par un ordre des cieux,
Après un long exil, revenir en ces lieux.
L'espoir d'avoir un fils, cette idée encor chère,
Fut celle que mon cœur entretint la dernière.
M'aurait-elle trompé ?

SAÉD.

Non, rends graces aux cieux,
Qui conservaient pour toi ce dépôt précieux.
Ton fils....

BARMÉCIDE.

Puis-je le voir & l'embrasser sur l'heure ?
Guide vers lui mes pas, & que mes yeux....

SAÉD.

Demeure.
Demeure, ô mon ami ! connais tout ton bonheur.
Héritier de ton nom, il l'est de ta grandeur.
Oui, ta place est la sienne.

BARMÉCIDE.

O surprise ! ô tendresse !

SAÉD.

Au chemin des honneurs j'ai guidé sa jeunesse.
J'ai fait bien plus encor : apprends que dans ce jour
Les plus grands changemens vont marquer ton retour.
Je puis à mon ami m'ouvrir sans défiance ;
La réserve avec toi ne serait qu'une offense ;
Et tu dois, quand le Ciel daigne ici te guider,
Partager des desseins qu'il paraît seconder.
Oui, depuis que d'Aaron la barbare injustice
Me rendit, malgré moi, de ses fureurs complice,

C ij

Qu'au sang des tiens mon bras, malgré moi, s'est baigné,
Mon cœur à ce tyran n'a jamais pardonné.
Mes projets si long-temps tramés dans le silence,
Semblaient, pour éclater, attendre ta préfence.
De la race Ommiade un digne rejetton
Prête à nos grands desseins tout l'éclat de son nom.
Ton fils, que dans ces murs ramenait la victoire,
Apprit de moi son sort & ta fatale histoire.
Armé par la nature, il a donné sa foi,
A Sémire qu'il aime, à mes amis, à moi.
L'Orient, cette nuit, change de destinée,
Et la race Abasside à son tour détrônée,
Va rendre à l'Ommiade & ses droits & son rang.
Oui, ton fils va régner, il va venger son sang,
Et ta préfence encor va, sous d'heureux aufpices,
Confacrer aujourd'hui ces justes facrifices.
Tu ne me réponds rien! il semble que l'effroi
Ait glacé tous tes sens interdits devant moi!
Sans doute que ce lieu rappelle à ta penfée
De tes affreux revers l'image retracée.
Tu frémis de revoir ce funeste féjour.
Eh! qui peut en effet y caufer ton retour?
Parle.

BARMÉCIDE.

Toi-même ici tu frémiras peut-être.
Tu fauras tout..... Bientôt le Vifir va paraître.

SAÉD.

Quoi! faurait-il déjà?

BARMÉCIDE.

Non, j'ai fait demander
Un entretien fecret qu'il daigne m'accorder.

TRAGÉDIE.

J'exige de toi-même une grace dernière.
J'ai des raisons encor de lui cacher son père.
Ne me découvre pas. Va: dans cet entretien,
Je veux lire en son cœur avant d'ouvrir le mien.
Tu sens, puisqu'à mon fils j'en cache le mystère,
Qu'à tout autre encor plus mon retour doit se taire.
Qu'on m'ignore, il le faut: va, je pourrai du moins,
D'un prix digne de moi reconnaître tes soins.
Je n'en peux dire plus : il suffit : le temps presse;
Il en faut profiter.

SAÉD.

Tu le veux, je te laisse.
Peut-être, je l'avoue, avais-je mérité
De remettre en tes bras le fils qui t'est resté;
Peut-être à ton ami cette joie était due :
Je consens, s'il le faut, qu'elle soit suspendue.
C'est à toi ! quand le sort enfin te rend à nous,
De hâter des momens pour tous les trois si doux.

SCENE III.
BARMÉCIDE, seul.

Que d'horreurs à la fois s'assemblent sur ma tête!
N'est-il donc point de terme où le malheur s'arrête.
Saéd ! mon fils !... ô Dieu ! que me réservais-tu ?
Dans quel abîme affreux tu conduis la vertu !
Ah ! si tu m'inspiras des projets magnanimes,
Veux-tu de mes devoirs me faire ici des crimes ?
Mais quoi ! si je succombe en de pareils momens,
De quoi m'auront servi l'infortune & les ans?

Allons : ils entendront la voix de Barmécide.
A leurs destins communs c'est moi seul qui préside,
Et peut-être aujourd'hui, quand je leur suis rendu,
Tout mon pouvoir sur eux n'est pas encor perdu.
On vient. Souffre, nature, un moment de contrainte.
Commande à tes transports, à ta joie, à ta crainte,
Mais parle au cœur d'un fils & tâche à l'émouvoir.

SCENE IV.

AMORASSAN, NASSER *au fond du Théâtre*, BARMÉCIDE.

AMORASSAN à *Nasser*.

C'est là cet inconnu qui demande à me voir !
De ses traits, comme toi, j'admire la noblesse.
(*à Barmecide.*)
Quel motif devant moi peut guider ta vieillesse ?
Que viens-tu m'annoncer ?

BARMÉCIDE.

Pardonnez à ce soin.
Mais j'espérais, Seigneur, vous parler sans témoin.

AMORASSAN à *Nasser*.

Laisse-nous.
(*Nasser sort.*)

SCENE V.

AMORASSAN, BARMÉCIDE.

BARMÉCIDE.

Il s'agit de prévenir un crime.
J'espère que pour prix du zèle qui m'anime,
Jusqu'au thrône d'Aaron vous conduirez mes pas.
Seigneur, sur le chemin de Mossoul à Damas,
Sous un toit solitaire où je vivais tranquille,
Un Arabe est venu demander un asyle.
Dans sa route saisi des douleurs de la mort,
Il paraissait toucher au terme de son sort.
Mais prêt de succomber, d'une voix affaiblie ;
» Je suis puni (dit-il) le Ciel m'ôte la vie.
» J'ai servi d'instrument à d'horribles forfaits.
» S'il en est temps encor, préviens-en les effets.
» Va, révèle un complot qui menace l'Empire.
» L'Abasside est trahi ; l'Ommiade conspire.

AMORASSAN.

Qu'entends-je ? & tu viendrais !....
(à part.)
Juste ciel ! je frémis.

BARMÉCIDE.

» Aaron est sous le glaive, & ses jours sont proscrits :
» (Poursuit-il) sauve-les : montre-lui cette Lettre,
» Qu'au Soudan de Damas j'ai promis de remettre.

» Par ces coupables traits le crime est avéré,
» Trop heureux qu'en mourant le mien soit réparé !
Il expire à ces mots : dans ce péril extrême
Je n'ai voulu, Seigneur, me fier qu'à moi-même.
J'ai marché vers Bagdat : mon zèle & mon ardeur
Ranimaient de mes ans la débile lenteur.
Aux yeux du grand Aaron j'aurais voulu paraître :
Mais un temps précieux se fût perdu peut-être,
Avant que l'on admît pour la première fois
Un sujet inconnu devant le Roi des rois.
Vous, placé près de lui, soutien de sa couronne,
Qui contemplez de près l'éclat qui l'environne,
Qui de tant de faveurs comblé jusqu'aujourd'hui,
Seriez frappé des coups qu'on doit porter sur lui,
Vous remplirez sans doute une juste espérance,
Et je vais sur vos pas, admis en sa présence,
Déposer à ses pieds l'écrit accusateur,
Qui d'un complot affreux va lui montrer l'auteur.

AMORASSAN.

Ne peux-tu dans mes mains remettre cet indice ?

BARMÉCIDE.

J'ose attester ici, Seigneur, votre justice.
C'est au Calife seul qu'il doit être remis.
C'est-là ce qui m'amène & ce que j'ai promis.
Voulez-vous m'envier ma juste récompense ?
Hélas ! vous seul avez toute sa confiance.
Elevé, par son choix, dans un poste si beau,
Vous n'avez pas besoin d'un mérite nouveau.
Vous en êtes aimé. Puissiez-vous toujours l'être !
Laissez, laissez, Seigneur, approcher de leur maître,
Ceux qui, loin de ses yeux, dans la foule perdus,

TRAGÉDIE.

Ont fait pour lui des vœux qu'il n'a pas entendus.

AMORASSAN.

As-tu vécu toujours éloigné de sa vue?

BARMÉCIDE.

Plût au ciel!

AMORASSAN.

Que dis-tu? Ton ame s'est émue.
Es-tu né dans ces murs?

BARMÉCIDE.

Bagdat est mon pays.

AMORASSAN.

Quel est ton nom?

BARMÉCIDE.

Seigneur.... j'en avais un jadis;
Je n'en ai plus.

AMORASSAN.

Comment!

BARMÉCIDE.

Long-temps mort à la gloire,
Je dus en étouffer jusques à la mémoire.
Eh! que me servirait de vous le confier?
D'autres s'en souviendront, mais je dois l'oublier.

AMORASSAN, *à part.*

Il va nous perdre tous, & vient m'offrir sa tête!

Quel pouvoir me retient, & quel charme m'arrête ?
(*à Barmécide.*)
Donne-moi cet écrit ; il le faut, je le veux.

BARMÉCIDE.

Quel est donc l'intérêt qui s'oppose à mes vœux ?
Êtes-vous contre moi le défenseur du crime ?
Vous combattez en vain le devoir qui m'anime.
Vous n'aurez cet écrit qu'en me perçant le sein.

AMORASSAN, *mettant la main sur son poignard.*

Sauvons Sémire & moi. D'un seul coup... quel dessein ?
Non, ma main s'y refuse, & mon cœur en frissonne :
Vieillard, éloigne-toi... Quelle horreur m'environne !

BARMÉCIDE.

Malheureux ! savez-vous ?... Vous menacez en vain.
Le fer, si je le veux, tombe de votre main.
J'arrête vos complots ; je puis, je dois le faire,
Et c'est ainsi du moins qu'eût pensé votre père.

AMORASSAN.

Mon père ! que dis-tu ? Quoi ! tu sais qui je suis !
D'un héros malheureux, quoi ! tu connais le fils !
Parle ! De la vertu je vois en toi l'image,
Ton front en a l'empreinte & ta voix le langage.
Tu viens servir Aaron : tu le vois en danger :
Tu n'a pas, comme moi, ta famille à venger.
Achève.

BARMÉCIDE.

Sous vos pas voyez s'ouvrir l'abîme.
Toujours la trahison conduit de crime en crime.

TRAGÉDIE.

Vous en prépariez un le plus affreux de tous.
Frémiffez.

AMORASSAN.

Ah ! pourfuis.

BARMÉCIDE.

      Bien différent de vous,
Si votre père ici, du fond de la Syrie,
Du meurtrier des fiens venait fauver la vie,
Barmécide à ce trait ferait-il reconnu?

AMORASSAN.

Qu'entends-je ? quel foupçon! quel myftère imprévu!..
Mais non.... puis-je oublier?...

BARMÉCIDE.

      Vous craignez de répondre!

AMORASSAN.

Tu parles de mon père ! il va feul te confondre.
Regarde ce billet : vois fi je fuis fon fils :
Sa main, fa propre main l'avait tracé jadis.
Tu n'oppofes plus rien à ce terrible gage?

BARMÉCIDE.

Eh bien ! fi le malheur égara fon courage ?
Si le Ciel a permis qu'il pût s'en repentir ?
Vous atteftez fa main : s'il vient la démentir ?

AMORASSAN.

Lui ! que dois-je penfer ? & quel trait de lumière
Vient....

BARMÉCIDE.

Eh ! quel autre ici braverait ta colère ?
Quel autre en arrêtant tes projets égarés,
Aborderait sans crainte un Chef de conjurés ?
Qui peut de ses forfaits absoudre l'Abasside ?
Qui peut lui pardonner, excepté Barmécide ?

AMORASSAN.

Barmécide ! grand Dieu ! l'ai-je bien entendu ?
Mon cœur entre la joie & la crainte éperdu,
Doute de son bonheur, se trouble, se rassure....
    (*regardant Barmécide.*)
Dans ses yeux, dans mon sein je cherche la nature.
Est-ce un père ? est-ce lui ? lui que j'avais perdu ?

BARMÉCIDE.

Qu'allais-tu faire, hélas ! le Ciel te l'a rendu.

AMORASSAN.

Ah ! c'est lui ; c'est mon père... à quel remords en proie !
Quoi ! j'ai pu contre vous ! ...

BARMÉCIDE.
                        Ne trouble point ma joie.
Mon fils ! quand tu croissais dans ce fatal séjour,
Mes yeux n'ont pas joui des fruits de mon amour.
Je n'ai pas dans mes bras élevé ta jeunesse ;
Mais ce jour où le Ciel te rend à ma vieillesse,
Rassemble dans mon cœur les tendres mouvemens
Dont un exil cruel m'a privé si long-temps.
C'est pour toi, pour toi seul, que mon ame ravie
Retrouve un sentiment qui l'attache à la vie ;
Et de mes yeux éteints tu fais couler des pleurs.

TRAGÉDIE.

Dont je n'espérais plus connaître les douceurs.
Mais ce n'est point assez, & ce moment prospère
Te rend à la vertu, s'il te rend à ton père.
Le crime est médité, mais il n'est pas commis.
Je veux sauver Aaron, je veux sauver mon fils.

AMORASSAN.

Aaron ! quoi les forfaits que ce nom vous retrace,
Dans votre ame, ô mon père ! ont-ils donc trouvé grace?
Quoi ! c'est vous qui venez....

BARMÉCIDE.

     Aaron fut inhumain,
Et ma voix contre toi le défendrait en vain.
Frappé de tant de coups dans ma famille entière,
Expirant dans l'éxil au sein de la misère,
Hélas ! mon dernier cri vers toi fut adressé ;
Du sang de tous les miens ce billet fut tracé.
La mort à mes regards alors était offerte.
Le ciel me retira de la tombe entr'ouverte.
J'ai vécu, j'ai haï : crois-moi, mon fils ; long-temps
J'ai nourri dans mon sein d'affreux ressentimens.
Quel en était le fruit ? Altéré de vengeance,
Tourmenté de ma haine & de son impuissance,
D'une noire fureur épuisant tous les vœux,
Et d'imprécations importunant les cieux,
J'ai consumé mes jours dans l'éternel passage,
De la douleur muette aux éclats de la rage,
Et tout ce vain courroux vers le ciel exhalé,
Retombait tristement sur ce cœur accablé.
Voilà quel fut mon sort. Souvent dans ma retraite,
La renommée encor, trop fidèle interprète,
Venait porter d'Aaron la gloire & les exploits,

L'éclat de ſes ſuccès, l'équité de ſes loix,
Me racontait ſon règne admiré dans l'Aſie;
Ces honneurs odieux aigriſſaient ma furie.
Plus il devenait grand, plus j'étais malheureux.
O combien j'ai ſouffert! quel fardeau douloureux
D'avoir un ennemi que le monde révère,
Et de s'indigner ſeul du bonheur de la terre!
Enfin, quand cet Arabe eut remis dans ma main
Cet écrit qui d'Aaron contenait le deſtin,
Je vis briller alors un rayon de lumière.
A ma haine laſſée il n'importait plus guère,
Qu'Aaron après vingt ans, frappé loin de mes yeux,
Quelques inſtans plutôt rejoignît ſes ayeux.
Mais employer pour lui ces reſtes d'une vie
Qu'il voulut m'arracher, qu'il croit m'avoir ravie!
Mais arrêter le bras prêt à percer ſon ſein!
A peine, mon cher fils, j'eus conçu ce deſſein,
Mon ame ſi long-temps dans ſes chagrins plongée,
Pour la première fois ſe ſentit ſoulagée.
Cette ame reſpira du tourment de haïr,
Et ma vieilleſſe encore eſpéra de jouir.
D'un ſentiment ſi doux je ſavourai les charmes.
Dans mes yeux deſſéchés je retrouvai des larmes,
Et ranimant ce cœur par les maux abattu,
Je me ſentis revivre au ſein de la vertu.

AMORASSAN.

Et c'eſt-là le mortel dont il fit ſa victime!
Combien en ce moment vous augmentez ſon crime!
Ce crime trop préſent à mon cœur déchiré!...

BARMÉCIDE.

Quoi! veux-tu le punir, quand il eſt réparé?

TRAGÉDIE.

Immoler un grand homme à ta vengeance impie !
Il n'a commis qu'un crime, & son regne l'expie.

AMORASSAN.

Il est vrai ; vous pouvez en vanter la splendeur.
Mais songez que vous-même avez fait sa grandeur ;
C'est à vous qu'il doit tout : son regne est votre ouvrage.

BARMÉCIDE.

J'oserai l'avouer : j'en accepte l'hommage.
Il est digne de moi : tu veux me le ravir !
Ce que ton père a fait tu veux l'anéantir !
Détruire mes travaux, attenter à ma gloire !
Quand les regrets d'Aaron honorent ma mémoire…

AMORASSAN.

Je ne le puis nier : oui, de son repentir
Le tribut éclatant ne peut se démentir.
Je vous dirai bien plus : hélas ! aujourd'hui même,
Indigné, furieux, plein d'une horreur extrême,
Malgré moi, devant lui tout mon cœur a parlé ;
J'ai nommé Barmécide, & ses pleurs ont coulé.

BARMÉCIDE.

Je suis bien malheureux ! je n'ai point vu ses larmes.
Souffre, souffre du moins que j'y trouve des charmes.
Laisse-moi signaler aux yeux de mon pays,
Ce nom de généreux que j'ai porté jadis.
Ce jour me suffira pour rendre à ma mémoire,
Ce que vingt ans d'oubli m'ont dérobé de gloire.
Après ce dernier trait, mes destins sont remplis,
Et je mourrai content entre les bras d'un fils.

AMORASSAN.

D'un fils ! & fongez-vous que vos foins magnanimes
De ce fils, de Saéd vont faire vos victimes ?
Croyez-vous que fi tôt mon cœur ait oublié
Tous les nœuds dont l'amour & l'honneur m'ont lié ?

BARMÉCIDE.

Toi-même, penfes-tu que Barmécide abjure
Les loix de l'amitié, les loix de la nature ?
Que j'aille aveuglément immoler à la fois
L'ami qui me fauva, le fils que je lui dois ?
Ma générofité ne fera point flétrie.
Mais à l'ingrat Aaron pardonnant fa furie,
Quand je viens à la mort l'arracher aujourd'hui,
Conçois-tu bien quels droits Barmécide a fur lui ?
Il eft des temps marqués par des efforts fuprêmes,
Où la vertu commande aux Souverains eux-mêmes ;
Et de ce que j'ai fait il n'eft qu'un digne prix,
La grace de Saéd, & celle de mon fils.
C'eft à moi de prefcrire, & j'en ai la puiffance,
Aux Sujets le remords, au Maître la clémence.
Ce triomphe inouï que rien ne doit troubler,
Seul de tant de malheurs pouvait me confoler.
Viens : à le partager ma tendreffe t'invite ;
Je t'ai d'un libre aveu laiffé tout le mérite.
Ton nom n'eft point tracé dans ce funefte écrit.
Viens : qu'Aaron, par ma voix, de fes dangers inftruit,
Retrouve en même temps dans ton retour fincère
Le repentir du fils & les vertus du père.

AMORASSAN.

Mon père ! ah ! concevez quels combats douloureux,

Élevés

TRAGÉDIE.

Elevés à la fois dans ce cœur malheureux !
Ce n'eſt que d'aujourd'hui que j'ai pu me connaître,
Que je ſais qui je ſuis, & quel ſang m'a fait naître.
J'ai juré cette nuit, au milieu des tombeaux,
A mes parens tombés ſous le fer des bourreaux,
A vous, dont le grand nom m'impoſait plus encore,
J'ai juré par l'amour, à celle que j'adore,
De venger ma famille & l'objet de mes feux,
De rétablir Sémire au rang de ſes ayeux ;
Je dois dans ſa querelle engager mon armée ;
Je vous retrouve, hélas !... ma tendreſſe charmée
Jouit avidement de vos jours conſervés,
Proſcrits par le Calife, & malgré lui ſauvés.
Mais quand je vais changer, d'une main triomphante,
Le ſort de l'Orient, & celui d'une amante ;
Lorſque ſon cœur au mien s'eſt voulu confier,
Qu'il faut choiſir entre elle & votre meurtrier ;
Moi ! que je l'abandonne & que je la trahiſſe !
Par cette lâcheté, moi ! que je m'aviliſſe !
Non, n'eſpérez jamais....

BARMÉCIDE.

      C'eſt aſſez, je t'entends,
Et je vois ta faibleſſe & tes égaremens.
Dans l'ame de mon fils, je vois quelle puiſſance
Détruiſit le devoir & la reconnaiſſance.
Va, d'un projet ſi noble occupé dans ce jour,
Je ne m'abaiſſe pas à combattre l'amour.
L'amour s'oppoſe en vain à mon triomphe inſigne ;
Si de le partager je ne te vois plus digne,
J'en dois gémir, hélas ! mais le ciel dans mon ſein
N'aura pas vainement mis un ſi beau deſſein.
Aaron eſt en péril, & ſa perte eſt certaine.

D

Le plus preffant devoir eft celui qui m'amène.
Sûr de ce que je puis, je vais auprès d'Aaron,
En prévenant ton crime, affurer ton pardon.
Dieu ! fur le fang des miens, fur des cendres fi chères,
J'ai verfé devant toi des larmes folitaires !
Mais fi toi-même, hélas ! guidais mes pas tremblans,
Si tu ne tendais pas un piège à mes vieux ans,
Dieu ! rends-moi pour un jour, avant qu'ici j'expire,
L'afcendant que jadis j'avais dans cet empire.
Arme de ta puiffance un vieillard défarmé,
Et montre enfin ce cœur tel que tu l'as formé.
(à *Amoraffan*.)
Je vais remplir ici le devoir qui m'anime.
Rien ne m'arrête plus. Va préparer le crime,
Je vais le prévenir.

AMORASSAN.

Non, demeurez, hélas !

BARMÉCIDE.

Laiffe-moi ; c'en eft fait.

AMORASSAN.

Je ne vous quitte pas.

Fin du troifième Acte.

TRAGÉDIE.

ACTE IV.

SCENE PREMIÈRE.
SÉMIRE, SAÉD.

SÉMIRE.

Ciel! que m'avez-vous dit? quelle allarme foudaine!
Quoi! le fort dans ces murs aujourd'hui le ramène,
Pour perdre des amis qui voulaient le venger!
Victime du Calife, il vient le protéger!
Saéd, est-il possible?

SAÉD.

     Il est trop vrai, Madame.
Oui, ce maître cruel regne seul sur son ame.
De la gloire d'Aaron constant admirateur,
En lui, de cet Empire il chérit la grandeur.
Le soin de son salut est le seul qu'il embrasse.
Il prétend nous sauver, il nous parle de grace;
Comme si d'un pardon honteux à recevoir
Le cœur d'un conjuré pouvait nourrir l'espoir.
L'ingrat qui me doit tout contre moi se déclare.
D'un fils que je lui rends à peine il se sépare,
Qu'il s'annonce chargé des plus grands intérêts;
Il appelle à grands cris les gardes du palais.
Une Lettre par vous à Damas adressée,
Par un hasard fatal en ses mains est passée.

Dans celles du Calife on vient de la porter.

SÉMIRE.

Ah! quand sur moi l'orage est tout prêt d'éclater,
Je m'applaudis du moins de l'espoir qui vous reste.
Vous n'êtes point nommé dans cet écrit funeste,
Le Visir ne l'est point, & vous pouvez.....

SAED.

Qui! moi!
Quand je vous ai servi, quand vous avez ma foi,
Je pourrais au péril abandonner Sémire!
Ce moment précieux peut encor nous suffire.
Je l'ai mis à profit. Nos plus braves amis
De ce nouveau danger déjà sont avertis.
J'offrais, si le Visir en eût cru mon audace,
D'attaquer à l'instant l'ennemi qui menace,
Et d'accabler Aaron par un soudain effort.
Il a frémi; j'ai vu qu'il ne pouvait encor
Se résoudre à lever une main meurtrière,
Contre son souverain défendu par son père;
Et l'unique dessein où son cœur s'est porté,
C'est de veiller d'abord à votre sûreté,
De rassembler nos chefs : son bras & leur courage
Peuvent jusqu'à son camp vous frayer un passage;
Et ces fiers conjurés, que le supplice attend,
Aiment mieux, s'il le faut, périr en combattant.
Mais les momens sont chers, & le péril redouble.
Assurez-vous d'un cœur qui s'effraie & se trouble.
Il va venir, parlez & hâtez son départ.
De Bagdat avec vous s'il franchit le rempart,
Si montrant aux soldats son épouse opprimée,
A la rébellion il porte son armée,

Après ce premier pas, engagé sans retour,
Il n'a plus de parti que celui de l'amour.
Moi, je cours où son ordre & mon zèle me guide,
Et je reviens suivi d'une élite intrépide,
Dans les chemins sanglans que nous aurons frayés,
Vous conduire à son camp, ou mourir à vos pieds.

SCENE II.

SÉMIRE seule.

Croirais-je en ce péril qu'Amoraſſan balance ?
Aurais-je ſur ſon cœur aſſez peu de puiſſance,
Pour craindre ?... Mais il vient.

SCENE III.

SÉMIRE, AMORASSAN, NASSER.

AMORASSAN à Naſſer, au fond du théâtre.

Va, ne perds point de temps.
Qu'ils marchent ſur tes pas ; vole, ami, je t'attends.

(Naſſer ſort.)

Madame ! ah ! quels aſſauts le deſtin nous prépare !
Pardonnez, de mes ſens le déſeſpoir s'empare.
Contre ce dernier coup j'étais mal affermi.
Quoi ! je retrouve un père, & trouve un ennemi !
Mon bras allait venger notre commune injure.

L'amour joignait sa voix au cri de la nature;
Et la nature, ô ciel ! vient s'armer contre moi !
Ce jour qu'a signalé le don de votre foi,
Ce jour de tous les deux a joint la destinée,
Et par tant d'amertume en est empoisonnée !
Et sur Amorassan tant de maux amassés....
Vous sentez ses douleurs : hélas ! vous gémissez !

SÉMIRE.

Je gémis, il est vrai, mais c'est de sa faiblesse,
De l'outrage cruel qu'il fait à ma tendresse,
Du trouble injurieux qu'en son ame a laissé
D'un vieillard affaibli l'héroïsme insensé.
Qu'à son gré, jusqu'au bout il serve son idole;
Mais qu'à ses préjugés Amorassan m'immole!...

AMORASSAN.

Qui ! moi !

SÉMIRE.

Je ne veux point rappeller aujourd'hui,
Que j'ai tout hazardé, que j'ai tout fait pour lui.
Que j'ai du fils d'Aaron dédaigné la couronne;
Non, l'effort n'est pas grand, lorsque l'amour l'ordonne;
Mais après que ce cœur t'a cherché le premier,
Si le tien pour jamais n'est à moi tout entier....

AMORASSAN.

Ah ! pouvez-vous douter de ce trop juste empire ?
Quand le sort à mes yeux a présenté Sémire,
Les bienfaits du Calife, & même ses remords,
Ont-ils pu de l'amour balancer les transports ?
Pour ébranler un cœur que votre voix décide,
Songez qu'il a fallu mon père & Barmécide.
Que dis-je? & qu'ai-je fait qui dût vous allarmer?

TRAGEDIE.

Je n'ai pas de Saéd, lorsqu'il courait s'armer,
Approuvé les desseins, trop hazardeux sans doute;
Sous vos pas, sous les miens, il s'ouvre une autre route,
Je marche à la vengeance, en ce moment fatal,
Non comme un Conjuré, mais comme un Général.
Ici tout se prépare, & vous m'allez connaître.

SÉMIRE.

D'un instant qui s'échappe, à peine es-tu le maître.
Je vois tous les dangers que nous pouvons courir.
A tes regards encor ton père peut s'offrir.
Je ne dis plus qu'un mot : souviens-toi que Sémire
Te donnait en ce jour & sa main & l'Empire.
Ces révolutions, qu'on voit dans nos climats,
Ont été trop souvent d'illustres attentats.
Ici tout est pour toi : ta cause est légitime.
La justice elle-même a marqué ta victime.
L'amour arme ton bras, il t'a fait mon soutien,
Et je n'ai plus ici d'autre sort que le tien.
On vient ; & j'apperçois ce vieillard qui s'avance.
Je te laisse.

AMORASSAN.

Ah ! sur moi soyez en assurance.

SÉMIRE.

Dût m'accabler Aaron des traits de son courroux,
Je ne quitte ces murs qu'en suivant mon époux.
(Elle sort.)

AMORASSAN, *voulant la suivre.*

A défendre vos jours ma main est toute prête.
Pourquoi nous séparer ? Ne doutez point....

SCENE IV.
AMORASSAN, BARMÉCIDE.
BARMÉCIDE.

Arrête,
Nous n'avons qu'un moment, & tu dois m'écouter ;
Voyons si jusqu'au bout tu m'oses résister.
J'ai rempli mon devoir, & ma main protectrice
A sous les pas d'Aaron fermé le précipice.
C'est toi seul, c'est mon fils que je dois désormais
Arracher aux dangers, arracher aux forfaits ;
Non, tu ne suivras point la fureur qui t'entraîne.
Ciel! en me revoyant peux-tu sentir la haine?
Aaron va dans l'instant m'appeller devant lui ;
Je n'irai point sans toi : mon fils, daigne aujourd'hui,
Daigne ne point tromper ma plus chère espérance.
Suis-moi ; viens obtenir de sa reconnaissance
Le pardon que ton père a mérité pour toi :
A ses pieds, ô mon fils! viens tomber avec moi.

AMORASSAN.

Ah! c'est entre vos bras, c'est dans les bras d'un père,
Que la nature, hélas! que cette voix si chère,
Cette voix si long-temps étrangère à mon cœur,
Entraînait vôtre fils, digne d'un tel bonheur.
Vous l'avez repoussé : ce cœur sensible & tendre,
Qu'aux plus doux sentimens ce jour aurait pu rendre,
Vous l'avez déchiré : vous corrompez, cruel,
Le plus beau des présens que m'avait faits le ciel ;

TRAGÉDIE.

Vous me le raviffez; vous trompez la nature,
Vous l'avez outragée : ah ! cette horrible injure,
Qu'au feul Aaron je dois imputer aujourd'hui,
Eft un crime nouveau qui m'arme contre lui.
Il joint à tous fes coups une atteinte dernière !
Une feconde fois il m'enlève mon père !

BARMÉCIDE.

Eh! c'eft toi, c'eft toi feul qui veux m'ôter mon fils.
Si tu veux m'obéir, tous mes maux font finis.
Songe, fonge qu'enfin la célefte clémence,
En me rendant à toi, te défend la vengeance :
Elle a fu dérober Barmécide au trépas;
Elle empêcha le crime....

AMORASSAN.

Et ne l'excufe pas.
Eut-il, lorfque Saéd abufa fa furie,
Et moins d'ingratitude, & moins de barbarie?
Fut-il moins criminel, alors qu'il fut trompé?
Autant qu'il le pouvait, Aaron vous a frappé.
Qu'importe qu'au milieu de cet affreux carnage,
Lui-même épouvanté des effets de fa rage,
Dans la foule des morts il n'ait pas recherché
Le héros qu'à l'empire il avait arraché?
Qu'il n'ait pas parcouru de fes regards avides
Tous ces reftes fanglans de tant de Barmécides?
En a-t-il moins commis le plus grand des forfaits,
Que la voix d'un tyran ait ordonné jamais?

BARMÉCIDE.

Mais lui-même, frappé de l'horreur qu'il t'infpire,

A montré ses remords aux yeux de tout l'Empire,
Tu rends ce témoignage à ses justes douleurs,
Si je t'en crois enfin, toi-même as vu ses pleurs.

AMORASSAN.

Qui donc impunément a proscrit l'innocence ?
Après s'être assouvi d'une injuste vengeance,
Qui n'en a pas senti l'involontaire horreur ?
Quel tyran put jamais échapper à son cœur ?

BARMÉCIDE.

Non, il n'est point tyran, non, mais il fut coupable :
Il le fut une fois : il fut inexcusable.
J'oppose à ses forfaits, j'oppose à tes transports,
Et vingt ans de vertus, & vingt ans de remords ;
Les bienfaits si long-temps répandus sur ta vie....

AMORASSAN.

Ne les rappellez pas ; ils l'ont trop avilie.
Quoi ! par votre assassin ces bienfaits présentés,
Si je m'étais connu, les aurais-je acceptés ?
Votre dépouille, ô ciel ! était donc mon partage !
Et j'ai pu recueillir ce fatal héritage !
L'ami dont les secours ont osé me sauver,
L'objet qui jusqu'à lui me voulut élever,
Voilà mes bienfaiteurs, & je n'en ai plus d'autre.
Ah ! si ce sentiment avait été le vôtre,
De mes justes desseins embrassant la grandeur,
Mon père eût achevé ma gloire & mon bonheur ;
Et retrouvant en vous mon modèle & mon guide,
J'aurais à mes soldats présenté Barmécide.
Mais puisque c'est Aaron que vous me préférez,
Frémissez des horreurs que vous seul préparez.

Ou fa perte, ou la mienne, en ce palais s'apprête.
Les momens font comptés: l'orage eft fur ma tête.
Peut-être on va frapper votre fils fous vos yeux ;
Ou le fer à la main, échappé de ces lieux,
Je reviens en vainqueur y porter le carnage ;
S'il faut que votre fils vous trouve à fon paffage ;
Du tyran contre moi, fi vous rendant l'appui,
Vous courez vous jetter entre le glaive & lui ;
Vengeur de tous les miens, dans ce combat funefte,
Alors j'appelle à moi leurs mânes que j'attefte ;
Ils verront Barmécide, outrageant leur tombeau,
Contre fon propre fils défendre leur bourreau.

BARMÉCIDE.

Malheureux ! jufques-là peux-tu braver ton père ?
Je n'ai donc plus d'efpoir ! mes larmes, ma prière,
Tout eft donc inutile, & rien ne te fléchit !
De quel bruit effrayant ce palais retentit ?

AMORASSAN.

Voici l'heure qu'il faut que mon fort fe décide.

BARMÉCIDE.

Viens, ces bras paternels te ferviront d'égide.

AMORASSAN.

Non, croyez-moi, ce fer eft un plus fûr recours.
Allez fervir Aaron ; je défendrai mes jours.

BARMÉCIDE.

Tes jours font affurés, fi tu voulais m'en croire.
Viens, ta grace t'attend.

LES BARMÉCIDES,

AMORASSAN.

Ma grace! la victoire.

BARMÉCIDE.

Contre ton souverain!

AMORASSAN.

Non, contre un meurtrier.
Il se venge en tyran : je me venge en guerrier.

BARMÉCIDE.

Ah! sois sujet & fils : consens, consens à vivre,
S'il en est temps encor....

SCENE V.

BARMÉCIDE, AMORASSAN, UN OFFICIER, GARDES.

L'OFFICIER.

Vieillard, il faut me suivre,
Tel est l'ordre d'Aaron.

BARMÉCIDE *aux gardes.*

Oui, j'obéis....

(*au visir.*)

Hélas !
Je ne puis rien sur toi. Tu ne m'écoutes pas.

TRAGÉDIE.

Ah! de quelque côté que tombe la tempête,
Allons, entre vous deux je vais offrir ma tête.
Gardes, conduisez-moi.
(*Il sort.*)

SCENE VI.

AMORASSAN *seul.*

Vous l'entraînez!... ô ciel!
A quoi suis-je réduit par un père cruel!
Il m'abandonne, hélas! mon ame révoltée....

SCENE VII.

AMORASSAN, NASSER, SUITE DE CHEFS ET DE SOLDATS.

NASSER.

Seigneur, songez à vous : Sémire est arrêtée.
Nous sommes investis : le palais est fermé :
Au bruit de ce péril, Aménor s'est armé.
Saéd vient sur mes pas : cette élite guerrière,
Du palais avec vous peut franchir la barrière.

AMORASSAN.

Ah! qu'un soin plus pressant doit ici nous toucher!
Sémire est dans les fers! allons l'en arracher.
Chefs, Emirs & Soldats, nourris dans les batailles,

Amis, ce vil troupeau qu'enferment ces murailles,
Pourra-t-il soutenir votre invincible effort?
Enlevons-leur Sémire, immolons Aménor.
Venez : Amoraffan, s'il a fu vous connaître,
Va fortir de ces murs, pour y rentrer en maître.

Fin du quatrième Acte.

ACTE V.

(La Scène est, comme au premier Acte, dans les tombeaux des Abassides. Les armes du prince Aménor sont attachées à une pyramide sépulcrale qui indique le monument où il est renfermé.)

SCENE PREMIÈRE.
AARON, ILCAN, SUITE.

AARON.

Mon fils ! ô désespoir ! exécrable attentat !
O comble des forfaits ! un perfide, un ingrat,
Dans ton sang, ô mon fils ! plonge sa main parjure.
J'arrose de mes pleurs ta tombe & ton armure.
O lugubre trophée ! ô fils que j'ai perdu !
Auprès de tes ayeux je te vois descendu.
Ah ! par quel châtiment il faut qu'un traître expie
Sa noire ingratitude & son audace impie !
Enfin, le ciel est juste, il le livre en mes mains.

ILCAN.

Vous seul pouviez, Seigneur, commander aux destins,
L'audacieux Visir, se frayant un passage,
Teint du sang d'Aménor qu'avait frappé sa rage,
Déjà maître du camp, menaçait les remparts.

Les rébelles n'ont pu soutenir vos regards.
Ils ont rougi du crime à l'aspect de leur maître.
Ils n'ont pu balancer entre vous & ce traître;
Et tombé dans nos mains, il est chargé de fers.

AARON.

Tu recevras le prix de tes complots pervers,
Monstre que j'ai nourri! c'est dans ton cœur barbare
Qu'il faut que cette main.... Je sens que je m'égare.
Je m'oublie, il est vrai : l'excès de ma douleur
M'abaisse à des transports indignes de mon cœur.
(à l'un des chefs de la garde.)
Allez, portez mon ordre, & qu'on livre aux supplices
Et Sémire & Saéd, & leurs lâches complices.
Qu'on amène à mes yeux le traître Amorassan.
(Le chef sort.)
Triste objet des douleurs de ce cœur gémissant,
Sur ta tombe, ô mon fils! qu'il expire en victime.
Son sang est pour ton ombre un tribut légitime.

ILCAN.

Seigneur, cet inconnu dont le zèle éclairé....

AARON.

Va, je n'oublîrai pas un devoir si sacré.
Quel contraste! Placé si près du rang suprême,
Le Visir de mes dons s'arme contre moi-même;
Et l'obscur citoyen, devenu mon appui,
Sauve les jours d'Aaron qui n'a rien fait pour lui.
Ne laissons point sans prix la vertu secourable.
Par mon ordre appellé, ce vieillard vénérable,
Dans ces premiers instans de tumulte & d'effroi,
N'a pu, jusques ici, paraître devant moi.

Maintenant

Maintenant retiré sous ces voûtes funèbres,
Cachant mon désespoir dans le sein des ténèbres;
L'état où tu me vois n'admet point de témoin.
Ilcan, de m'acquitter il faut prendre le soin.
Va trouver de ma part ce mortel tutélaire;
Laisse à sa volonté le choix de son salaire.
Que ses vœux, quels qu'ils soient, se trouvent satisfaits,
Ne mets aucune borne à mes justes bienfaits.
Songe que par tes mains c'est moi qui les dispense,
Et qu'on doit reconnaître Aaron qui récompense.

ILCAN.

Seigneur, en ce moment, ce vieillard vertueux,
Attestant à grands cris le ciel & vos ayeux,
Tremblant, pâle, accablé d'un désespoir horrible,
Refusant tous nos soins, à toute offre insensible,
Ne forme qu'un désir, & n'a qu'un seul espoir.

AARON.

Eh quoi?

ILCAN.

Que vous daigniez & l'entendre & le voir,
Avant qu'au châtiment on livre les coupables:
C'est tout le prix qu'il veut de ses soins secourables.
Si j'en crois dans ces lieux un bruit déjà semé,
Un bruit que sa douleur n'a que trop confirmé,
D'Amorassan, Seigneur, ce vieillard est le père.

AARON.

Qui! lui! que me dis-tu? quel étrange mystère?

ILCAN.

Du crime dans ces murs il apportait l'avis;
D'aujourd'hui seulement il retrouve son fils.

J'ignore aux conjurés quel nœud secret l'engage;
Mais il a rencontré Saéd sur son passage,
Et tombant à ses pieds, tendant vers lui les bras,
Il voulait partager ses fers & son trépas.
Il accusait le sort, trop prompt à le confondre.
Saéd, sans s'émouvoir, & sans lui rien répondre,
Saéd a repoussé ce vieillard malheureux;
Il lui montrait sa chaîne, & détournait les yeux.

AARON.

Le visir est son fils! Je plains son innocence.
Mais qu'attend-il de moi? quelle est son espérance?
Quoiqu'il ait fait, Ilcan, se serait-il flatté,
Que pour le sang d'un fils il fut quelque traité?
L'inéxorable Aaron est sourd à la prière.
Je punis en Monarque, & je me venge en père.
Je conçois les tourmens de son cœur paternel;
Il méritait sans doute un fils moins criminel.
Mais à mon juste arrêt rien ne peut mettre obstacle.
Va, détourne ses pas de cet affreux spectacle.
Ilcan, épargne-lui d'inutiles efforts,
Épargne-moi sa vue: ouvre-lui mes trésors.
J'excepte seulement de ma reconnaissance
Les droits de la justice & ceux de ma vengeance.
Va, mais d'Amorassan qu'on hâte le trépas;
Tant qu'il verra le jour, je n'en jouirai pas.
Je quitterai ces lieux où sa mort se prépare,
Quand j'aurai vu couler tout le sang du barbare.
C'est ici, sous mes yeux, que l'on doit le verser.
Jusques-là, près de moi que nul n'ose avancer,
N'ose de mes douleurs troubler la solitude.

(*Ilcan sort.*)

SCENE II.

AARON *seul* ; GARDES *au fond du Théâtre.*

AARON.

A-t-on jamais plus loin poussé l'ingratitude ?
A-t-on vu signaler avec plus de fureur
Des lâches trahisons la bassesse & l'horreur ?
J'ai de mille bienfaits chargé ce couple impie !....
Mes yeux versent des pleurs !.... que le sang les expie.
Ombres de mes ayeux, pardonnez ; je pourrais
Des destins ennemis mépriser tous les traits.
La grande ame d'Aaron de tant de coups frappée,
Et s'indigne & gémit d'être à ce point trompée.
Mais quelle voix secrette a parlé dans mon cœur ?
Quel funeste murmure y porte la terreur ?
Je combats vainement cette affreuse pensée ;
Mon ame la repousse, elle en est oppressée.
Oui, voilà le moment que me gardait le sort.
Cachez-moi dans votre ombre, asyles de la mort ;
Cachez à mes regards cette tendre ennemie ;
Éloignez de mon cœur cette voix qui me crie :
» Regarde, Aaron, regarde & vois tous tes forfaits ;
» Contemple cette tombe, & plains-toi désormais.
Dieu ! contre ta justice il n'est point de refuge.
Tu prends soin de punir ceux qui n'ont point de Juge.
Mais si je suis frappé par le courroux du Ciel,
Le bras dont il se sert est-il moins criminel ?

Eſt-il moins odieux ? ombre plaintive & chère,
Pardonne, ô mon cher fils ! pardonne, ſi ton père
A pu, du repentir reconnaiſſant la loi,
Pleurer en ces tombeaux ſur un autre que toi !
Si je ſens des remords, je punirai le crime.
On vient ; on m'obéit, & voici ta victime.

SCENE III.

AARON, AMORASSAN, GARDES.

AARON.

Approche, malheureux, qui par tant de forfaits
As ſouillé tes honneurs & payé mes bienfaits.
Traître, l'indigne amour que t'inſpirait Sémire
A tant d'atrocités a-t-il pu te conduire ?
Aaron de ſes bontés te comblant chaque jour,
Avait-il mérité cet horrible retour ?
Réponds ?

AMORASSAN.

J'attends la mort, & mon cœur s'y réſigne ;
Mais l'oubli des bienfaits eſt une honte inſigne,
Que ne doit point flétrir mes jours ni mon trépas.
Toi, qui m'oſes juger, tu ne me connais pas.
Apprends donc que les maux qu'a faits ta barbarie,
Ont devancé les dons répandus ſur ma vie,
Qu'ils les ont ſurpaſſés : ce cœur au déſeſpoir,
En cherchant la vengeance, a ſuivi ſon devoir.

TRAGÉDIE.

Mon bras obéissait au cri de la nature,
Et du sang innocent j'appaisais le murmure.
Oui, mon nom seul suffit pour me justifier.
Ce nom.... Que vois-je? ô ciel!

SCENE IV.

AARON, AMORASSAN, BARMÉCIDE *se débattant au milieu des Gardes qui veulent le repousser.*

BARMÉCIDE.

Rien ne peut m'effrayer.
Que je meure avec lui, c'est tout ce que j'espère.

AARON.

Qu'on le laisse approcher.

BARMÉCIDE, *se jettant dans les bras d'Amorassan.*

O mon fils!

AMORASSAN.

O mon père!

AARON.

Infortuné vieillard, qui t'amène en ces lieux?
Que prétends-tu?

LES BARMÉCIDES,

BARMÉCIDE, *tombant à ses genoux.*

Seigneur, immolez-nous tous deux.
Hélas! depuis long-tems ma vie est condamnée.

AARON.

Que dis-tu?

BARMÉCIDE.

Trop long-tems j'ai fui ma destinée.
Achevez-la, Seigneur; joignez deux malheureux.

AARON, *à part.*

Quels traits! quel son de voix! Est-il possible, ô cieux!
Serait-ce un repentir, hélas! trop légitime,
Qui me montre partout les traits de ma victime?
(*haut.*)
Approche. Lève-toi... Mais quelle est mon erreur?
Et d'où vient que j'en crois un rapport si trompeur?
Eût-il sauvé mes jours? Cet effort incroyable...

BARMÉCIDE.

Eh! pourquoi pensez-vous qu'il en soit incapable?

AARON.

Grand Dieu! quoi!

BARMÉCIDE.

Par vos coups quand il a tout perdu,
Faut-il encor, Seigneur, lui ravir sa vertu?

AARON.

O ciel, dont la puissance à nos destins préside!

TRAGÉDIE.

Est-ce à moi de revoir, de nommer Barmécide?

BARMÉCIDE.

En quel moment, hélas !

AMORASSAN.

Oui, voilà le héros
Que tu voulus frapper par le fer des bourreaux,
Dont je vengeais la perte, & dont le sang m'anime.
Ose en le regardant me reprocher un crime.

AARON.

Par quel prodige encor que je ne conçois pas
A-t-on pu de sa tête écarter le trépas ?

BARMÉCIDE.

C'est Saéd qui trompa vos ordres homicides,
C'est lui, qui de vos coups sauva deux Barmécides.
Il conserva le père, il éleva le fils,
L'instruisit à venger tant d'illustres proscrits,
A s'armer contre vous, à s'armer pour Sémire ;
Et moi, caché vingt ans aux confins de l'Empire,
Que Saéd croyait mort, & qu'il croyait venger,
Dans mon asyle obscur j'ai sçu votre danger.
Je suis venu moi-même en porter les indices.
De Sémire, il est vrai, j'ignorais les complices ;
Mais en les connaissant je n'ai pas hésité :
J'ai sacrifié tout à votre sûreté.
Le sort a confondu mes vœux & mon attente ;
Il accable aujourd'hui ma vieillesse innocente.
De mon malheureux fils je sais les attentats ;
Mais que ma mort au moins devance son trépas.

Oubliez le service, & punissez les crimes;
Ce tombeau nous attend : rendez-lui ses victimes.

AARON.

J'ai dû te reconnaître à cet effort si grand ;
Toi seul en es capable. O combat déchirant !
De devoirs opposés mon cœur ressent l'empire !

(*aux gardes.*)

Allez, & qu'on amène & Saéd & Sémire.
Dieu protecteur du trône ! ô Roi de tous les rois !
J'ai vu dans ma grandeur l'ouvrage de ton choix.
J'ai cru, je l'avoûrai, n'en être pas indigne :
J'en avais cependant terni l'éclat insigne.
J'avais jusqu'à ce jour une faute à pleurer,
Et je n'avais vécu que pour la réparer.
Toi-même as pris ce soin qui passait ma puissance.
Tu m'as vendu bien cher ce don de ta clémence.
Et toi, que j'ai pleuré, respectable héros,
Va, crois que mes regrets ont égalé tes maux.

BARMÉCIDE.

Vous allez les combler ! quelle horreur m'environne !

SCENE V ET DERNIÈRE.

AARON, BARMÉCIDE, AMO-RASSAN, SÉMIRE, SAÉD, ILCAN, GARDES.

AARON.

Sémire, à qui j'offrais mon fils & ma couronne,
Sémire a-t-elle pu préférer, en effet,
Aux dons du souverain les crimes d'un sujet?

SÉMIRE.

Je conçois ta surprise, ainsi que ta colère.
Loin de la servitude, & loin de la misère,
Ton cœur à les juger n'est point accoutumé,
Et tu ne connais pas les droits de l'opprimé;
Use de tous les tiens, je suis en ta puissance.

BARMÉCIDE.

Je tenterais en vain de prendre leur défense.
Mais je l'ai déjà dit, mon sort suivra le leur.
Seigneur, voilà mon fils, & voilà mon sauveur.
　　(il se place entre Saéd & le visir.)
C'est moi seul qui les perds, & c'est moi qu'ils servirent.
S'ils meurent, dans mes bras il faudra qu'ils expirent.

AARON.

O toi, depuis long-tems vengé par mes remords,
Mais qui l'es encor plus par tes nobles efforts!
Tu fais beaucoup pour moi, je l'avoue; & ton maître,

LES BARMÉCIDES,

Graces à ses malheurs, va t'égaler peut-être.
(*montrant le visir.*)
Je dois punir en lui le plus grand des forfaits;
Je dois payer en toi le plus grand des bienfaits.
Si j'écoutai jadis un excès de vengeance,
Il faut, pour l'expier, un excès de clémence.
Visir, vois dans quel sang ton bras s'était plongé.
Je pardonne, à l'aspect de mon fils égorgé.

BARMÉCIDE.

Ah! Seigneur! ah! quel Dieu vous inspire & vous guide!

AARON.

Eh! pouvais-je punir le fils de Barmécide?
Toi, par ton repentir & ta fidélité,
Visir, rends-moi du moins ce que tu m'as ôté.

AMORASSAN.

Ah! Seigneur, de mon cœur vos vertus vous font maître,
Et mon père lui seul avait su vous connaître.

AARON, *au visir & à Sémire.*

Vous étiez tous les deux unis pour m'opprimer,
Soyez encore unis, mais du moins pour m'aimer.

SÉMIRE.

Seigneur, votre victoire est entière & certaine,
Et tant de grandeur d'ame a désarmé ma haine.
A vous seul, à jamais, mes jours sont asservis.

AARON.

Lorsque tu me trompas, Saéd, tu me servis.
(*à Barmécide*)
Rien ne s'oppose plus au transport qui m'anime.

TRAGEDIE.

Approche de ce cœur, ami rare & sublime.
Mes pleurs étaient cruels, ils sont plus doux enfin;
Ils coulaient sur ta tombe; ils coulent dans ton sein.

BARMÉCIDE.

Qu'un Dieu, toujours propice, à vos destins préside!

AARON.

Il veut me consoler, il me rend Barmécide.

Fin du cinquième & dernier Acte.

Le Privilége du Roi se trouve à la fin des Œuvres de cet Auteur.

De l'Imprimerie de PRAULT, Imprimeur du Roi, quai de Gêvres, au Paradis.

www.ingramcontent.com/pod-product-compliance
Lightning Source LLC
LaVergne TN
LVHW050637090426
835512LV00007B/897